Meister Sokei-an

Man sieht nur in der Stille klar

Das Wesen des Zen-Buddhismus

In derselben Reihe erhältliche Titel:

Form ist   LEERE   ist Form
Das Herz-Sutra
ISBN 978-3-9524409-6-4

Form is   EMPTINESS   is Form
The Heart Sutra
ISBN 978-3-9524409-2-6

Sokei-ans Weisheit
Zitate aus diversen Zen-Vorträgen
ISBN 978-3-9524409-5-7

Das andere Ufer ist hier
Sokei-ans Erläuterungen zum Sutra des Sechsten Patriarchen
ISBN 978-3-9521915-8-2

Wie der Schmetterling aus der Raupe
Zen als innerer Wandlungsprozess
ISBN 978-3-9521915-5-2

Als Zen noch nicht Zen war
Worte und Taten der alten Meditationsmeister
ISBN 978-3-9521915-3-8

....

© Zentrum für Zen-Buddhismus Zürich, Schweiz - 2005
Alle Rechte vorbehalten.
Copyright der Originaltexte (Englisch): First Zen Institute
of America, NY

Überarbeite Neuauflage 2017
ISBN 978-3-9524409-3-3

Umschlagbild: Die abgebildete Holzfigur
ist ein Handwerk von Sokei-an

*Viele stellen sich unter Buddha jemanden vor, der
dauernd meditiert,
aber es ist in Wirklichkeit jemand,
der zu seiner eigenen Weisheit erwacht ist.*
-Sokei-an

Gewidmet in grosser Dankbarkeit
alle jenen Lebewesen,
die ihre Buddha-Weisheit
im alltäglichen Dasein manifestieren
und uns teilhaben lassen daran.

Meister Sokei-an

Man sieht nur in der Stille klar

Das Wesen des Zen-Buddhismus

Übersetzt und zusammengestellt von
AGETSU WYDLER HADUCH

Der Springende Punkt
Eine kleine Zen-Bibliothek

Liebe Leser und Leserinnen,

Sie haben soeben dieses kleine Buch in die Hand genommen und aufgeschlagen. Wenn Sie zu denjenigen Menschen gehören, die sich ernsthafte Fragen stellen zum Sinn ihres Lebens und sich nicht zufrieden geben können mit kurzlebigen Befriedigungen von dauernd wechselnden Bedürfnissen und den Ablenkungen, die von vielen Seiten angeboten werden, dann ist dies vielleicht ein Glückstag für Sie. Dieses Buch bietet zwar keine fertigen Antworten, aber es offeriert eine Sichtweise, die das menschliche Leben mit all seinen Freuden und Leiden aus der Perspektive der universalen Weisheit beleuchtet. Diese Weisheit wird von alters her mit «Gott», «Buddha» oder der «Grossen Natur» assoziiert. Doch sie hat keinen Namen; sie «gehört» niemandem und ist weder an einen Ort noch an eine Zeitepoche gebunden.

Es war die Zeit der grossen Wirtschaftskrise – der zweite Weltkrieg schickte seine drohenden Schatten voraus – als in New York ein japanischer Zen-Meister namens Sokei-an in einer kleinen Wohnung damit begann, das Wesen und die Praxis des Zen-Buddhismus in Wort und Tat bekannt zu machen. Zuvor hatte sich noch nie ein Zen-Meister in der westlichen Welt niedergelassen; nie zuvor wurden die einschlägigen Texte des Zen-Buddhismus in die englische Sprache übersetzt und in dieser Sprache erklärt. Und nie zuvor hatten Frauen und Männer der westlichen Welt die Gelegenheit gehabt, Unterweisung in der direkten Begegnung mit einem authentischen Zen-Meister zu empfangen, ohne lange Reisen in den Fernen Osten zu unternehmen oder in ein traditionelles Zen-Kloster einzutreten.

Das vorliegende Buch enthält eine Auswahl von Vorträgen, in denen Sokei-an das tiefgründige Gedankengut des Zen-

Buddhismus in seiner zeitlosen Aktualität darlegte. Es gibt wohl kaum einen Aspekt von Buddhas Lehre, der nicht in dem einen oder anderen Vortrag angesprochen wurde. Neben Erklärungen der gängigen Begriffe und Konzepte des Buddhismus finden sich auch viele Hinweise und Schlüssel zur Praxis im eigenen Alltag.

Die vorliegende Ausgabe von *Man sieht nur in der Stille klar* ist eine leicht überarbeitete Neuausgabe des 2005 erstmals erschienenen Buches mit demselben Titel.

*

Ein grosses Dankeschön gebührt meinem Ehemann und Partner Robert Yozan Wydler Haduch. Seit mehr als 25 Jahren unterstütz und fördert er die deutschsprachigen Publikationen von Sokei-ans Texten im Rahmen unserer Schriftenreihe *Der Springende Punkt*. Die Gestaltung der Einbände ist sein Werk.

Wie kann ich all den Menschen danken, die mir, wie Meister Sokei-an, mein Lehrer H. Platov, der ein Schüler von Sokei-an war, und viele mehr, durch Wort und Tat halfen, das wahre Wesen des Zen zu erfahren? H. Platov beantwortete eine ähnliche Frage einst so: *Wahrhaftiger Dank zeigt sich im Tun.*

Somit widme ich das Buch *Man sieht nur in der Stille klar* in grosser Dankbarkeit all jenen Lebewesen, die uns die Türe zum Schatz des Zen-Buddhismus geöffnet haben, und übergebe es all jenen Menschen, die Unterweisung und Inspiration aus einer authentischen Quelle zu empfangen wünschen.

Agetsu Wydler Haduch
Zürich, November 2017

INHALT

Einleitung	10
Wer war Sokei-an?	13
Zen-Vorträge:	
1. Liebe und Weisheit	21
2. Gedankenhäuser	27
3. Der wirkliche Buddha	32
4. Die Buddha-Natur	35
5. Was ist Zen?	40
6. Wirklichkeit – Weisheit – Erleuchtung	46
7. Bewusstsein	53
8. Die Kraft des intuitiven Wissens	57
9. Selbstvertrauen	60
10. Sicht in das eigene Urwesen	65
11. Der leere Geist	69
12 Die Religion der Stille	73
13. Nicht-Denken	78
14. Meditation	85
15. Nirvana	92
16. Richtige Sicht	97
17. Samadhi	103
18. Ohne Absicht, ohne Zweck	110
19. Wer meditiert?	118
20. Kōan	126
21. Leben und Tod	133
22 Mut zum Zweifel	141
23. Die drei Aspekte des Seins	144
24. Glaube	153
25. Fazit	156
Anmerkungen	158

Einleitung

Was Meister Sokei-an in seinen Zen-Vorträgen sagte, war nichts Neues, – es wurde und wird seit Tausenden von Jahren gesagt. Aber wann, wo und wie er es sagte, war neu. Als er in der ersten Hälfte des zwanzigsten Jahrhunderts als Pionier in der westlichen Welt wirkte, sah er davon ab, Zen in der traditionellen japanischen Form zu übermitteln. Er wollte kein Glaubenssystem, keine Religion, keinen «Weg» einführen; ihm lag einzig und allein daran, das Herz der unfassbaren, allumfassenden Wirklichkeit freizulegen, das er selbst durch die Zen-Praxis gefunden und erfahren hatte. Entsprechend sprach und handelte er frei und spontan aus seinem eigenen Herzen heraus. Dasselbe verlangte er auch von seinen Schülern und Schülerinnen.

Er sagte, jeder Mensch sei im Besitz eines Diamanten. Man müsse diesen aber zuerst entdecken, von allen Ablagerungen befreien und Facette um Facette polieren, bis er seine vollständige Leuchtkraft manifestiere. Der rohe, ungeschliffene Diamant sei der fundamentale Geist, den jeder Mensch quasi als geistiges Startkapital in die Wiege mitbekomme. Wie man diese Gabe nutzt, ist jedem selbst überlassen; Sokei-an offerierte keine Formeln, keine Rituale, kein Lehrsystem.

Sokei-an verstand es, das Wesentliche in seiner buddhistischen Kleidung zu zeigen und gleichzeitig diese Kleidung vor den Augen seiner Zuhörerschaft zu entfernen und die Essenz freizulegen. Er entfernte aber nicht nur die buddhistischen, sondern auch alle kulturellen, historischen, gesellschaftspolitischen, religiösen und persönlichen Hüllen. Am Ende entfernte er auch alle Ideen und Vorstellungen von Zen. Er sprach mit der unerschütterlichen Absicht und Verpflichtung eines Zen-Meisters, die Menschen, die ihn danach fragten, zum klaren, fundamentalen Bewusstsein zu führen, das in Herz, Verstand und Geist *aller* Menschen wirksam ist. Denn das, was der Buddha entdeckt und manifestiert hatte, ist universal, zeitlos und allen Menschen zugänglich, egal wo und wann sie leben in dieser oder einer anderen Welt.

Es ist das grosse Verdienst von Sokei-ans Schülern Henry Platov und Mary Farkas, dass uns dieser Schatz erhalten blieb. Beide haben sich mit grossem Einsatz und viel Kreativität dem Schutz und der Übermittlung von Sokei-ans geistigem Erbe gewidmet – Mary Farkas durch die Weiterführung des *First Zen Institute of America* und die Veröffentlichung der Lektionen von Sokei-an; Henry Platov durch sein Wirken als Zen-Lehrer in Kalifornien und in der Schweiz.[1]

Sokei-an hatte seine Lektionen nie aufgeschrieben und veröffentlicht. Er erlaubte jedoch ein oder zwei Schülern, in der hintersten Sitzreihe diskret mitzuschreiben. Die Niederschriften wurden nach seinem Tod von Mary Farkas gesammelt, redigiert und in der Monatszeitschrift *Zen Notes* nach und nach publiziert. Die deutsche Übersetzung beruht auf diesen Originaltexten.[2]

Obgleich das lebendige Wesen des Zen nicht durch Worte, sondern nur durch Erfahrung und Praxis erfasst werden kann, war Sokei-an überzeugt, dass es einer gewissen Kenntnis des Zen-Buddhismus bedarf, damit dieses Potential geweckt und fruchtbar werden kann. Andernfalls können viele Missverständnisse und falsche Erwartungen entstehen. Beispiele dafür sind zahlreich. Die ideelle

Grundlage der Zen-Schule wurzelt im indischen Buddhismus und im chinesischen Taoismus, die wahre Grundlage aber ist das universale Bewusstsein, das allen Lebewesen gemeinsam ist. Dies hatte der Buddha erkannt, erfahren und so erklärt, dass es von allen Menschen, deren Herz und Geist reif sind dafür, ebenfalls erfahren werden kann.

Struktur der Kapitel:
Die einzelnen Kapitel des Buches sind folgendermassen strukturiert: Zuerst wird das Kernthema eines Vortrages in *Schrägschrift* vorgestellt. Dann folgt die Erläuterung dazu. Den Abschluss bilden passende Zitate aus dem ganzen Vortragsschatz von Sokei-an. Die Kapitel entwickeln sich nicht chronologisch eines aus dem anderen, sondern greifen vielfältig ineinander über. Hinter dieser Struktur steht der Wunsch, das Buch als eine Art Manual zu präsentieren, das man jederzeit von allen Seiten her konsultieren kann. Die Zitate können als Einstieg in die eigene Meditation benutzt werden, indem man sie einzeln «betrachtet», «durchdenkt» und «kontempliert». So wie man eine nahrhafte Speise sorgfältig kaut, um ihre wertvollen Stoffe freizulegen und verdaulich zu machen, so offenbart sich der nahrhafte Gehalt der Zitate durch meditative Beschäftigung damit.

*

Bevor wir uns diesen Vorträgen zuwenden, soll auf eine Frage eingegangen werden, die sich beim Lesen all der einleitenden Worte vermutlich ergeben hat: Wer war der Mann namens Sokei-an?

Wer war Sokei-an?

Sein bürgerlicher Name lautete Yeita Sasaki. Er wurde am 15. Februar 1882 in Tokio geboren. Sein Vater Tsunamichi Sasaki war Shinto-Priester[3] und Sprachwissenschaftler. Da seine Frau Kitako kinderlos blieb, nahm er sich, wie es der damaligen Gepflogenheit in Japan entsprach, eine junge Konkubine namens Chiyo, welche den gewünschten Sohn gebar. Für zwei Jahre begab sich Kitako ausser Haus, während Chiyo sich um das Kind kümmerte. Danach kehrte die Ehefrau zurück und übernahm die Erziehung ihres Stiefsohnes. Chiyo bekam eine Abfindung, verheiratete sich und wurde eine bekannte Sängerin und Tänzerin. Obwohl seine Stiefmutter gut für ihn sorgte, machte der Verlust seiner leiblichen Mutter Yeita lange Zeit zu schaffen. Offensichtlich hatte er von ihr ein sehr feinfühliges und künstlerisches Talent mit auf den Weg bekommen, das sich später auf mannigfache Weise entfaltete.

Yeita war fünfzehn Jahre alt, als sein Vater starb. Er begann eine Lehre bei einem Holzschnitzer, mit dem er ein Jahr lang von Tempel zu Tempel wanderte, um die Schnitzereien an Altären zu reparieren. Anschliessend arbeitete er eine Zeit lang als Schnitzer in einer Möbelfabrik und begann ein Studium an der staatlichen Kunstakademie in Tokio. Seine Schwerpunkte lagen in der Malerei und Bildhauerei. Die bildende Kunst bedeutete ihm sehr viel, er gab sich dem Studium mit Leib und Seele hin. Gleichzeitig trieb ihn sein unruhiges Gemüt an, nach Sinn und Zweck des Daseins zu suchen, mit Fragen, die er durch die intensive Beschäftigung mit westlicher Philosophie zu beantworten suchte.

In die Zeit des Studiums fiel auch ein Wiedersehen mit seiner leiblichen Mutter, in dessen Folge er in die Welt der traditionellen Theater- und Musikkünste Japans eingeführt wurde. Er fühlte sich sehr zu Hause in diesen Kreisen und erwog angeblich, selbst dort Fuss zu fassen. Doch sein suchender Geist trieb ihn weiter. Er glaubte, ein «ehrliches, reales Leben sei nur möglich, wenn er eine echte geistige Grundlage habe». Und so wandte er sich im Alter von neunzehn Jahren dem Zen zu und begann seine Schulung bei Zen-Meister Tetsuo Sōkatsu am Zen-Institut für Laien in Tokio. Anlässlich des Eintrittes in die Sangha für Laien erhielt er den Namen Shigetsu.

Meister Sōkatsu (1870-1954) war Schüler und Dharmaerbe von Zen-Meister Soyen Shaku[4]. Dieser betraute Sōkatsu mit der Aufgabe, die Praxis der Rinzai-Zen-Schule, die in Japan seit langer Zeit nur noch in Klöstern von Mönchen gepflegt wurde, wieder für Männer und Frauen ausserhalb der Tempel zugänglich zu machen. Soyen Shaku seinerseits war von seinem Lehrer Imakita Kosen (1812-1892) zu dieser Aufgabe inspiriert worden.

Dieser kurze Ausflug in die Geschichte des japanischen Rinzai-Zen erklärt vielleicht die grosse Hingabe, mit der Sokei-an später Zen an Menschen weitergab, die nicht als Mönche und Nonnen in Abgeschiedenheit lebten, sondern mitten im oft hektischen Leben von New York, eingebettet in Beruf und Familie.

1905 schloss Sokei-an das Kunststudium ab und wurde unverzüglich in die Armee eingezogen und in den Japanisch-Chinesischen Krieg in die Mandschurei geschickt. Zum Glück endete der Krieg nach zwei Monaten. Trotzdem hinterliessen die Erfahrungen an der Front als Fahrer eines mit Dynamit beladenen Vehikels tiefe Spuren in Sokei-ans Gemüt. Noch Jahre später sprach er davon, wie «sein Zen damals einer ersten Feuerprobe unterzogen wurde», als er sich «mehrmals dem Tode nahe sah».

1906 reiste Sōkatsu zusammen mit dreizehn jungen Menschen nach Amerika in der Absicht, dort ein Zen-Zentrum zu eröffnen. Die Teilnahme an dieser Expedition wurde der Grundstein zu dem, was Sokei-an später als seine Berufung bezeichnete, nämlich: «Die Lotusblume des Zen so lange auf dem Felsen von Manhattan festzuhalten, bis sie Wurzeln schlägt.» Doch vorerst war es noch lange nicht so weit.

Kurz vor der Abreise in die USA heiratete er die gebildete Tochter einer Industriellenfamilie namens Tomeko. Auch sie war eine ernsthafte Zen-Schülerin und gehörte zur geplanten Reisegruppe. Das Gruppenexperiment in Amerika scheiterte und 1908 kehrten alle Beteiligten ausser Sokei-an und Tomeko nach Japan zurück. Danach gestaltete sich das Zusammenleben der Eheleute unterschiedlich, mal lebten sie zusammen – Tomeko gebar einen Jungen und ein Mädchen –, mal waren sie getrennt, weil Sokei-an im Sommer jeweils, teils freiwillig, teils aus Gründen der Geldbeschaffung, auf langen Wanderungen durch die Staaten der Westküste zog. Schliesslich siegte Tomekos Heimweh und sie beschloss, ihr drittes Kind in ihrer Heimat zu gebären. Danach sah Sokei-an lange Zeit «hinter jedem Busch seine Kinder» und hielt ihre Abwesenheit fast nicht aus. Doch für ihn gab es keinen Weg zurück. Amerika war zu seiner Bestimmung geworden. Und dies trotz der grossen Diskriminierung, welcher die japanischen Immigranten in den USA damals ausgesetzt waren. Der Kontakt zu den Kindern blieb jedoch bis an sein Lebensende erhalten.

Sokei-an kehrte nur zwei Mal nach Japan zurück. Die Aufenthalte dauerten mehrere Monate und dienten ausschliesslich dem Zweck, sein formelle Zen-Schulung in der direkten Begegnung mit Meister Sōkatsu zu vertiefen und zu vollenden. 1928 empfing er von Sōkatsu die Ordination zum buddhistischen Priester und die endgültige Anerkennung als Zen-Meister. Der Name Sokei-an, der ihm bei dieser Gelegenheit verliehen wurde, weist auf seine tiefe geistige Beziehung zum chinesischen Zen-Meister Hui-neng hin, der als der Sechste Patriarch in die Geschichte des Zen-Buddhismus eingegangen ist. Hui-neng lebte im siebten Jahrhundert im Tal namens Sokei und gilt als das Paradebeispiel für einen Menschen, der ohne formelle Schulung die «vollkommene, plötzliche Erleuchtung» erfahren hatte und diese Erfahrung zum Drehpunkt seiner Lehrtätigkeit machte. Deshalb gilt Hui-neng als einer der Vorväter des Zen.

Nach seiner endgültigen Rückkehr in die USA, Sokei-an hatte sich inzwischen an der Ostküste niedergelassen, fuhr er noch einige Jahre mit seinem gewohnten Leben fort. Er wanderte viel durch die Landschaften und die Strassen von New York, verdiente sein Geld hauptsächlich als Verfasser von Artikeln, Satiren und Reportagen für japanische Zeitschriften oder mit Gelegenheitsaufträgen als Holzschnitzer. So nutzte er sein grosses künstlerisches Talent sowohl in der plastischen Kunst als auch im sprachlichen Bereich. Wer ihn damals kannte, beschrieb ihn als Bohemien mit grosser schöpferischer Energie, der den in ihm wachsenden Zen-Meister gut zu verbergen wusste. Erst 1930 öffnete er seine kleine Wohnung an der West 70th Street für die Öffentlichkeit und begann Zen-Vorträge zu geben. Seine damals gegründete *Buddhist Society of America*, wurde 1944 in *The First Zen Institute of America, New York* umbenannt.

Was man zu jener Zeit in Amerika vom Buddhismus wusste, betraf hauptsächlich die Schulen des Urbuddhismus bzw. Theravada. Deshalb übersetzte Sokei-an viele Texte des Zen-Buddhismus selbst aus dem Chinesischen ins

Englische. Es war ihm ein grosses Anliegen, seinen Schülern und Schülerinnen eine fundierte Grundlage für die Zen-Praxis zu bieten, in der Hoffnung, dadurch falschen, auf Vorurteilen und Fehlinformationen beruhenden Interpretationen entgegenzuwirken. Die Teilnahme an seinen Vorträgen, die zwei Mal wöchentlich stattfanden, war für seine Schüler obligatorisch. Wer dies mindestens ein Jahr lang getan und eine stabile Meditationspraxis entwickelt hatte, wurde zum Kōan-Studium zugelassen.[5] In Bezug auf Kōan-Arbeit war Sokei-an sehr strikt und traditionell, d.h. es gab keine Erklärungen, keine Kompromisse und keine persönlichen Rücksichten. Jeder Schüler und jede Schülerin musste, wie es der Rinzai-Zen-Tradition entspricht, ohne Erklärungen mit dieser schwierigen Aufgabe zurechtkommen. Sokei-ans Motto lautete: «Erkenne die wahre Essenz deiner Existenz. Wie du dies tust, ist dir selbst überlassen, denn das Wissen ist in dir.»

Im Übrigen hielt er sich nur wenig an die überlieferten Formen. Es gab keine formelle Sitzmeditation (Zazen). Die Vorträge wurden jeweils mit einer Schweigemeditation eingeleitet und beendet. Da seine Wohnung sehr klein war, sass man nicht auf Sitzkissen auf dem Boden, sondern dichtgedrängt auf Stühlen. Sokei-an war offenbar ein hervorragender Geschichtenerzähler, der es verstand, seine Darlegungen auch schauspielerisch zu untermalen. Mehreren Zeugen zufolge gab es während der Zusammenkünfte immer viel zu lachen.

Gleich im Anschluss an den Vortrag begaben sich die langjährigen Schüler und Schülerinnen ins Nebenzimmer zum Sanzen[6] für die persönliche Unterweisung. Doch wehe, wenn man auf Fragen Sokei-ans dessen Worte aus einem Vortrag wiederholte, anstatt das eigene Verstehen im gegenwärtigen Hier und Jetzt zu zeigen. Sokei-an pflegte dann seine eigenen Worte als «stinkende Philosophie» zu bezeichnen und verbat es sich, «damit im Sanzenzimmer behelligt» zu werden.

Im Vergleich zu Japan, wo Zen-Meister und Roshis hoch angesehene Persönlichkeiten sind und oft mit viel Pomp verehrt werden, lebte Sokei-an praktisch inkognito. Er lehnte alles Zur-Schau-Stellen und sämtliche Würden ab, lebte wenig bekannt und auf sich allein gestellt mit sehr bescheidenen Mitteln. Da seine Schüler auf einem formellen Titel bestanden, willigte er ein, sich von ihnen mit Osho anreden zu lassen. Dies kommt in etwa der Anrede «Herr Pfarrer» gleich und ist die in Japan übliche Bezeichnung für einen Tempelpriester. Er erachtete und pflegte seine bescheidene Wohnung als seinen Tempel.

Mitten im Zweiten Weltkrieg holte ihn die Weltpolitik noch einmal ein. Nach der Bombardierung von Pearl Harbor durch die japanische Armee (Dez.1941) wurde er, wie alle seine in Amerika lebenden Landsleute, als potentieller Feind betrachtet und interniert. Von Juni 1942 bis August 1943 lebte er in zwei verschiedenen Lagern, bis es seinen Schülern endlich gelang, ihn durch die Intervention an höchster Stelle frei zu bekommen.

Der Lageraufenthalt hatte seiner Gesundheit ernsthaft geschadet. Bald nach seiner Freilassung erlitt er einen leichten Herzinfarkt und vermutlich, damit verbunden, einen schwachen Schlaganfall. Er erholte sich soweit, dass es ihm möglich war, das Bett zu verlassen. Er blieb jedoch wochenlang in seiner Wohnung. Dort empfing er die Schülerschaft täglich zum Sanzen und arbeitete weiter an den Übersetzungen von Zen-Texten, darunter die *Aufzeichnungen von Meister Rinzai*.[7]

Um seinen Aufenthalt in New York zu sichern, löste er seine noch immer bestehende Ehe mit Tomeko auf und heiratete im Juli 1944 seine langjährige Schülerin Ruth Fuller. Ruth Fuller Sasaki besass selbst auch tiefe Einsicht in das Wesen von Zen und wurde später eine hochangesehene Zen-Meisterin in Japan.[8]

Am 12. Mai 1945 diagnostizierte der Arzt eine akute Nierenblutung. Sokei-an hielt seinen letzten Zen-Vortrag und das letzte Sanzen. Am 16. Mai starb er in Anwesenheit einiger Schüler bei vollem Bewusstsein. Gemäss einem Augenzeugenbericht lauteten seine letzten Worte: «Jetzt sterbe ich, um für immer zu leben.»

*

Wenden wir uns nun dem reichhaltigen Erbe zu, das uns dieser Mensch in seiner Funktion als buddhistischer Mönch und Zen-Meister hinterlassen hat; lasst uns dem Widerhall seiner Worte lesend lauschen.

Zen-Vorträge

1

Liebe und Weisheit

Wir leben in einem Zeitalter, in dem man die Zivilisationen von West und Ost beide kennen lernen und verstehen sollte, obwohl sie sich stark voneinander unterscheiden. Die Menschen des Westens sollten etwas vom Buddhismus verstehen, und die Menschen des Ostens etwas vom Christentum. Man sollte das Studium von Religionen jedoch nicht mit der voreingenommenen Haltung eines «östlich» bzw. «westlich» eingestellten Menschen betreiben, sondern mit der Geisteshaltung eines Weltbürgers, eines universalen Wesens.

Seit sechsundzwanzig Jahren lebe ich, von einigen Unterbrüchen abgesehen, hier in Amerika. Als ich zum ersten Mal kam, war ich vierundzwanzig Jahre alt. Während all dieser Jahre beobachtete ich das Herz und das Leben der Menschen um mich herum. Ich studierte die griechischen Denker und den Urbuddhismus, verglich östliche und westliche Philosophie und lernte viele Vertreter der christlichen Religion kennen. Doch es war mir lange nicht möglich, die Religionen von Ost und West zu vereinen. Dann endlich fand ich den Schlüssel, der mir das Tor zu beiden öffnete. Er trägt die zwei Namen «Liebe» und «Weisheit».

Ein altes Sprichwort besagt, dass man die Jade eines bestimmten Berges nur mit der Jade eines anderen Berges polieren kann. In der Tat kann Jade nur mit Jade poliert werden, doch niemals mit der Jade desselben Berges, es muss die Jade eines anderen Berges sein. Buddhismus und Christentum sind wie zwei wertvolle Edelsteine, die sich gegenseitig ergänzen und zum Glänzen bringen. Auf Grund meiner 30-jährigen Erfahrung und Beobachtung bin ich überzeugt, dass die westlichen Menschen, die sich mit dem Buddhismus befassen, sich gleichzeitig den Werten des Christentums öffnen sollten, und den Buddhisten könnte das Studium des Christentums die Augen für die wahre Tiefe ihrer eigenen Religion öffnen.

Ich versuche nicht, Christen zum Buddhismus zu bekehren, aber ich hoffe, dass die Jade des Buddhismus mehr und mehr dazu benutzt wird, die Jade des Christentums zu polieren. Als Zen-Lehrer ist es mein Beruf, Menschen mit der Methode des Zen-Buddhismus zur lebendigen Erfahrung ihres eigenen ursprünglichen Wesens zu führen.

Es gibt viele Arten von Zen-Lehrern. Manche lehren Zen durch philosophische Vorträge, andere durch Meditationsmethoden und wieder andere durch die Übertragung von Seele zu Seele.[9] Meine Art des Lehrens ist die direkte Übertragung von Seele zu Seele. Diese Form geht auf Shakyamuni Buddha zurück, der das Dharma[10] im direkten Kontakt mit seine Schülern vermittelte. Ich erlangte etwas Klarsicht, indem ich meinem Lehrer folgte. Mit dieser Erfahrung als Hintergrund denke ich in meinem täglichen Leben viel über das Dharma nach, um aus dieser Quelle zu leben und meine Entscheidungen zu treffen. In meinen Vorträgen spreche ich deshalb nicht nur über meine Zen-Erfahrung, sondern auch über dieses Denken.

Buddhismus ist diejenige Religion, die von Shakyamuni Buddha gelebt und gelehrt wurde. Buddhas Manifestation seiner eigenen erleuchteten Sicht war weder mythologisch noch symbolisch, sondern direkt und intuitiv. Wenn ihr euch mit der Lehre Buddhas befasst, werdet ihr schnell erkennen, dass sie weder naturwissenschaftlichen noch metaphysischen Weltanschauungen widerspricht. Sie kann sowohl in der Sprache der modernen Naturwissenschaften als auch der modernen Philosophie dargelegt werden.

Die vorbuddhistische Religion der Inder und auch der frühe Hinayana-Buddhismus verfolgten das Ziel, alles Interesse am weltlichen Leben aufzugeben, um in das Absolute einzutreten. Das menschliche Leben galt als elend und man versuchte, sich ganz daraus zurückzuziehen. Zwischenmenschliche Liebe war kein Gegenstand dieser Lehren. Das entsprach natürlich nicht der Absicht von Shakyamuni Buddha. Denn am Beispiel vieler überlieferter Geschichten kann man sehen, wie liebevoll und freundlich dieser war und welch hohen Stellenwert er Empathie und Mitleid einräumte. Aber seine späteren Anhängern, an Vorderfront die Mönche, betonten den Zustand des absoluten Erlöschen (Nirvana) so stark, dass sie die Mitmenschen und die Liebe darob vergassen. Im später entwickelten Mahayana-Buddhismus wurde diese Einseitigkeit ein wenig korrigiert. Gemäss dieser Schulrichtung sind Mahāmaitri (grosse Güte) und Mahāprajñā (grosse Weisheit) die zwei Haupttugenden auf dem Weg, der zur höchsten Erkenntnis und der vollständigen Befreiung führt. Doch ich denke, es war Jesus Christus, der die Nächstenliebe in ihrer höchsten Vollendung zum Ausdruck brachte.

Nachdem ich nun so viele Jahre in der westlichen Hemisphäre gelebt habe, bin ich überzeugt, dass dieser christliche Wesenszug noch immer in euren Adern und in eurem Gesellschaftsleben lebendig ist, auch wenn die Kirchenvertreter ihn möglicherweise vergessen haben. Selbst wenn die Menschen sich gegenseitig bekämpfen, ist das, was ihr Leben trägt, letztlich Liebe. Liebe ist eine natürliche, universale Kraft. Niemand kann Liebe erfinden, niemand kann sie durch seine eigene Willenskraft fälschen. Universale Liebe ist nicht egoistisch, denn Egoismus kennt keine Liebe.

Egoismus enthält Begehren. Begehren erzeugt menschliche Liebe und menschlichen Hass, aber keine wahre Liebe.

Die Lehre des Buddha betont die universale Weisheit mehr als die universale Liebe. Auch universale Weisheit ist eine natürliche Kraft, niemand kann sie mit Willenskraft erzeugen. Sie ist das Gewahrsein der eigenen Existenz, das Wissen um die eigene Buddha-Natur. Sie ist der Drehpunkt des ganzen Buddhismus. Buddha sagte, das Wichtigste für einen Menschen sei es, seine Kraft der Weisheit zu benutzen, die ihm Nirvana offenbart. Nirvana ist die vollständige Auflösung jeglicher Gedankenaktivität und Ichhaftigkeit im universalen Geist.

Es freut mich, dass ich heutzutage in der Lage bin, diese zwei wunderbaren Lehren des Westens und Ostens zu verstehen. Denn beide haben die gleiche Basis, beide sprechen vom ichlosen universalen Geist. Liebe und Weisheit sind beide Ausdruck des einen Geistes. Ichlosigkeit zerstört die Person nicht, im Gegenteil: Sie ist die Grundlage des Lebens schlechthin. Dasselbe gilt für die Liebe. Weisheit ohne Liebe ist wie ein Schwert, das zerstören, aber nichts schaffen kann. Liebe ohne Weisheit ist wie ein Feuer, das alles verbrennt, ohne Leben zu geben. Liebe, die nicht aus der Ichlosigkeit kommt, ist parteiisch. Nur Liebe, die aus dem Geist von Nicht-Ich kommt, ist reine Liebe.

Lange Zeit habe ich das Geheimnis dieser Gemeinsamkeit nicht entdeckt. Doch mit dem Verstehen, dass «Liebe» und «Weisheit» die eine Essenz von beiden ist, vereinigen sich die Lehren von Christus und Buddha vollständig. Ich fühle, dass meine Mission nach langer Zeit erfüllt ist, weil ich diesen Schlüssel fand.

Diejenigen, die dem menschlichen Denken keinen Wert beimessen, mögen diese Entdeckung für unbedeutend halten. Wer bloss darauf aus ist, Geld zu verdienen oder sich viel Macht anzueignen, legt wenig Wert auf geistige Belange. Doch wir Menschen sind denkende Wesen, wir leben in Gedanken. Das Denkvermögen ist der einzige Schatz des Menschen. Deshalb freut es mich, dass ich die Gelegenheit habe, euch denkenden Menschen meine Entdeckung bekannt zu machen: Das Leben in Ost und West basiert auf derselben Quelle; ihr nennt sie Liebe, wir nennen sie Weisheit. Beides ist ohne Ich. Die Weisheit, durch die wir sehen, hören, verstehen, und die Liebe, durch die wir uns begegnen und vereinigen, sind die zwei Aspekte der einen Lebenskraft. Beide zusammen geben uns den Mut, um das Leben zu kämpfen und es in seiner ganzen Fülle anzunehmen und zu leben.

Den einzigen Schlüssel zur erlebten Einheit mit dem Universum gibt uns die Quelle von Liebe und Weisheit. Man nennt diesen Schlüssel gewöhnlich «Religion».

In Tokio kannte ich einmal einen Papagei, der alle Leute, die an seinem Käfig vorbeigingen, mit «Hello, hello» begrüsste. Es war offenbar ein amerikanischer Papagei. Ich antwortete: «Hello dear», doch der Papagei verstand nicht. So ist es, wenn gewisse Leute über Religion sprechen.

Wenn das, was überliefert wurde, zur Formel wird, stirbt es.

Menschen, die nur mit dem Mund über Religion reden, kennen ihr eigenes religiöses Wesen nicht; also kleben sie an den verschiedenen Namen und töten sich sogar gegenseitig um dieser Namen willen.

Im Grunde brauchen wir keine religiösen Gebote, denn unsere wahre Natur ist Weisheit und Liebe. Sie will weder töten noch stehlen. Wenn man in Harmonie mit der eigenen Natur lebt, folgt man den Geboten der Religion von selbst.

Jeder Mensch muss die in seinem eigenen Herzen und Geist geschriebenen Gebote finden. Er braucht keine Priester dafür.

Die Menschen sind wie Waisenkinder, die ihr Zuhause nicht kennen, und deshalb danach fragen und suchen.

Natürlich werden auch im Buddhismus Tempel gebaut und Symbole aufgestellt – doch die wahre Religion ist nicht dort, wahre Religion ist eine innere Haltung.

2

Gedankenhäuser

Wir Menschen können die Welt nicht unabhängig von den Sinnesorganen und dem eigenen Denken wahrnehmen. Die Sinnesorgane liefern nur Abbildungen von der Wirklichkeit, und die Schlüsse, die das Gehirn daraus zieht, sind Gedankenkonstruktionen ohne festen Grund und Boden. Doch man lebt in diesen Konstruktionen wie in Häusern. Dies lässt sich nicht ändern, aber es ist wichtig, dass ihr die Begrenztheit eurer Gedankengebäude kennt und euch nicht darin verliert.

Die objektive Erscheinungswelt und die subjektive Welt des Geistes sind das äussere und das innere Haus unserer Seele[11]. Wir Menschen sollten uns mit diesen zwei Häusern gründlich bekannt machen.

Das äussere Haus ist die materielle Welt. Wir wissen, dass sie nicht wirklich so existiert, wie wir sie wahrnehmen. Der blaue Himmel, die roten Blumen, das rauschende Wasser sind die Erscheinungsformen der Wirklichkeit, nicht die Wirklichkeit selbst. Die Farben entstehen in der Retina unserer Augen, die Geräusche im Trommelfell unserer Ohren. Geschmack entsteht in der Zunge; die Nahrung hat keinen bestimmten Geschmack.

Da wir alle in dieser merkwürdigen Welt leben und nichts dagegen tun können, müssen wir sie so annehmen, wie sie sich uns zeigt. In dieser äusseren Welt bauen wir Unterkünfte für unseren physischen Körper, indem wir uns der

Materie bedienen und ihr Namen geben wie Ziegel, Eisen, Stein oder Beton.

Der physische Körper ist auch nur ein Erscheinungsbild. Er wird geboren, bleibt eine Weile, wandelt sich, zerfällt und verschwindet. Das Körper-Haus ist zerbrechlicher als das Haus aus Eisen und Stein. Doch es ist mein eigenes, geliebtes Haus! Ich habe kein anderes. Ich bewache diesen Körper, der mein Eigentum zu sein scheint, es in Wirklichkeit aber nicht ist, wie einen Schatz.

Das Leben im äusseren Haus geht einher mit der ständigen Angst um seinen Verlust. Wir beklagen seine veränderliche Natur und hoffen gegen alles bessere Wissen, dass es für immer bestehen bleibt. Wir klammern uns an seine Attribute, machen sie zu unserem umhegten Besitz und weinen bitterlich, wenn sie vergehen. Man kann sich tatsächlich nicht darauf verlassen.

Indem wir das äussere Haus genau untersuchen, stellen wir fest, dass wir auch in einem inneren Haus leben. So wie der Körper in einem äusseren Haus lebt, so lebt unsere Seele in einem inneren. Was ist das innere Haus? Woraus besteht es? Wenn man die Aufmerksamkeit nach innen wendet, kann man seine Struktur leicht erkennen. Es besteht aus Gedanken, Emotionen und mentalen Bildern, die von morgens bis abends in ständiger Bewegung sind und wie eine Prozession von Geistern am inneren Auge vorbeiziehen. Das innere Haus ist gleich dem äusseren Haus eine Fata Morgana und deshalb genau so unwirklich und unstabil wie dieses.

Jeder Mensch hat ein inneres Haus. Einige innere Häuser sind nach einem bestimmten System konstruiert. Sie tragen Namen wie Christentum, Existentialismus, griechische Philosophie usw. Manche Menschen leben in einem inneren Haus ohne bestimmte Struktur; ihr Haus besteht aus Gewächsen, Stroh oder Bambus, ohne Säulen und Dächer. Wiederum andere haben sich ein kostbares inneres Haus gebaut, mit Edelsteinen geschmückt, die über viele Zeitalter angesammelt wurden. Sie haben vielleicht Zitate berühmter Philosophen an die Wände gehängt, um ihren Geist in Ordnung zu halten. Einige leben in modernen Häusern: Sozialismus, Kommunismus, Faschismus. Andere leben in ausländischen Häusern: Sufismus, Buddhismus, Bahaismus, Zen. So wie viele Menschen Wohnhäuser in ausländischem Stil bevorzugen, so möblieren manche ihre Wohnungen mit fremden Gedanken. Wenn sie diese dann etwas unbequem finden, bringen sie irgendeine kleine Änderung an und passen sie so ihren Bedürfnissen an. Dann nennen sie es z.B. Buddha-Christentum oder so ähnlich.

Auch in der östlichen Hemisphäre gibt es wunderbare innere Häuser. Da gibt es z.B. das *Avatamsaka-Sutra*, das *Saddharmapundarika-Sutra* und das *Mahavibhasa-Sastra*. Letzteres ist besonders grossartig und wunderbar. Um es von einer Ecke zur anderen zu durchschreiten, braucht man ein ganzes Leben lang. Es handelt sich bei diesen Gebäuden wirklich um Pyramiden aus menschlichen Gedanken. Sie sind so wunderbar, dass man in ihnen leben kann, ohne ihrer Schönheit und Würde überdrüssig zu werden. Ihre Gedankensysteme offerieren ein Leben in Ruhe und Gelassenheit. Aber auch sie sind schliesslich nichts anderes als vergängliche Gebilde.

Da wir weder unsere äusseren noch unsere inneren Häuser für immer behalten können, sollten wir mit Hilfe unserer Erkenntniskraft erkennen, wann ein Wandel stattfindet. Wir müssen erkennen, dass es unmöglich ist, vor dem Leiden zu flüchten, das entsteht, wenn etwas seine Form ändert und zu etwas anderem wird. Die Gedankenwelt des 18. Jahrhunderts existiert heute nicht mehr, und unsere

Grosskinder werden in einer anderen Gedankenwelt leben als wir.

Solange wir in diesem Körper mit seinen fünf Sinnen leben, können wir die Eindrücke der äusseren Welt nicht abweisen. Ebenso müssen wir die innere Welt mit beidem, – Freude und Leid – annehmen. Doch als buddhistischer Mönch sage ich euch eines: Haftet nicht daran! Macht euch nicht zu Gefangenen eures inneren Hauses. Bewahrt die Freiheit eurer Seele. Die Seele ist allein. Sie lebt und schläft in diesen zwei Häusern, doch sie ist unabhängig davon.

*

Ihr sollt verstehen, dass es objektiv gesehen keine bestimmte Welt gibt. Die Wirklichkeit hat keine festgelegte Form, keinen fixen Klang, Geschmack oder Geruch; sie kennt weder Zeit noch Raum. Jedes Lebewesen schafft sich seine eigene, subjektive Welt auf Grund seiner Sinneswahrnehmungen.

Die Sinneseindrücke bilden das Knochengerüst des geistigen Körpers; die Gedanken sind sein Fleisch, die Emotionen sein Nervensystem, der Verstand seine Arterien und das Bewusstsein sein Herz.

Manche, die in kostspieligen äusseren Häusern leben, haben nur ein armseliges inneres Häuschen.

Wenn wir kein inneres Haus bauen, gleichen wir den Füchsen und Dachsen, Katzen und Hunden oder den primitiven Menschen, die unter freiem Himmel oder in Höhlen hausen.

Das innere Haus ist in der Regel langlebiger als das äussere. Gedanken überdauern oft viele Generationen. Der Buddhismus existiert seit mehr als 2500 Jahren und das Christentum ist ein über 2000-jähriges Haus. Vielleicht lebt jemand von euch im Haus seiner Ahnen.

Ihr solltet wirklich sorgfältig darüber nachdenken, in welcher Art innerem Haus ihr lebt. Kennt ihr seinen Eingang, seinen Ausgang? Vielleicht habt ihr euch darin verirrt. Zu wissen, wo ihr euch in eurem inneren Haus befindet, ist wichtig für euer ganzes Leben.

Der moderne Mensch ist gewöhnlich in zweierlei Gefängnissen gefangen – in der Materie und im denkenden Geist. Er wohnt in einem grossartigen Haus aus philosophischen Ideen und allerlei Lieblingsgedanken, je nach Geschmack. Ohne diese Strukturen kann er gar nicht denken.

Diejenigen, welche die Wahrheit in der materiellen Welt suchen oder in der eigenen Psyche, indem sie ihren Gedanken nachjagen – all den vielen Worten – oder ihre Träume analysieren – diese Visionen aus dem Unterbewussten –, haften bloss an ihren Häusern und können die Wahrheit nicht finden.

3

Der wirkliche Buddha

Viele Menschen meinen, Buddha sei der Inder namens Shakyamuni Buddha, der vor 2500 Jahren gelebt hat. Andere denken, Buddha sei ein vom Menschen losgelöstes, unsterbliches Wesen, das alles weiss und sich irgendwo im Körper manifestiert. Manche sitzen mit gekreuzten Beinen da und machen sich ein inneres Bild von Buddha. – Löst euch von allen Vorstellungen und findet das, was Buddha genannt wird, in eurem eigenen Wesen.

Das Wort «Buddha» geht auf das Sanskritwort «Bodhi» zurück. «Bodhi» bedeutet «wissen». Buddha ist unser gegenwärtiges, waches Bewusstsein, das sieht, hört, empfindet, riecht und schmeckt. Diese universale Kraft des Wissens ist allen fühlenden und nicht-fühlenden Lebewesen zu eigen, doch in den nicht-fühlenden Wesen ist sie unbewusst. Buddha ist das Bewusstsein, das um seine eigene Existenz weiss.

Doch wir sollten uns Buddha und Mensch nicht als zwei separate Wesen vorstellen. Wir sollten nicht meinen, Buddha sei etwas anderes als der gewöhnliche Mensch. Es gibt nur ein Universum und nur ein universales Bewusstsein. Es ist in keinem bestimmten Körperteil lokalisiert, es befindet sich weder im Gehirn noch im Bauch. Doch wir wissen, dass es existiert. Es ist in uns und wir ruhen darin.

Setze dich einfach hin und meditiere! Trage kein Schild mit der Aufschrift «Ich» mit dir herum. Löse das Schild ab und wirf dich ins grosse Universum! Du wirst es nicht sofort spüren, doch tue es jeden Tag, und etwas wird sich verändern. Eines schönen Tages wirst du, vielleicht auf einer Bank in einem Park sitzend, dich selbst vergessen. Wenn dein Herz, dort auf der Bank, im Rhythmus mit dem Universum schlägt, wirst du Buddha finden.

Das Wort «Buddha» bedeutet «Einer, der erwacht ist», erwacht zum Intellekt in sich selber. Shakyamuni Buddha glaubte, dass die ganze Natur der Welt aus diesem Intellekt, der eine universale Kraft ist, geboren wurde. Andere nennen diese Kraft «kosmische Energie» oder «Gott».

Viele stellen sich unter Buddha jemanden vor, der dauernd meditiert, aber in Wirklichkeit ist es jemand, der zu seiner eigenen Weisheit erwacht ist.

Shakyamuni Buddha war ein Mensch, der vor etwa dreitausend Jahren gelebt hat und in seinem körperlichen Dasein zu seinem unverkörperten Sein erwacht ist. Das Erwachen zum unsterblichen Sein ist der Kern des Buddhismus.

In tiefster Versenkung fand Shakyamuni Buddha die Wahrheit – «Ahh». In dieser grossen Ruhe gab es nicht die geringste Spur eines menschlichen Gedankens. Seine Seele verschmolz mit der Seele des Universums. Als er bei der Morgendämmerung einen Stern am östlichen Himmel blinken sah, wurde er mit einem Mal seiner grenzenlosen, allumfassenden Existenz gewahr. Er war Baum und Gras, Himmel und Erde – er war alles.

In einer Welt geboren zu werden, in der ein verwirklichter Buddha lebt, ist sehr kostbar. Als der Buddha in Indien lebte, wussten die meisten Leute nichts von ihm. Nach seinem Tod bedauerten sie dies sehr.

Alle versuchen, Buddha in Büchern, Tempeln oder Statuen zu finden. Dort kann man ihn nicht finden. Der wirklich existierende Buddha, ist das eine Bewusstsein, das allen Lebewesen innewohnt.

4

Die Buddha-Natur

Die zentrale Aussage des Buddhismus lautet: Unser Geist ist in seinem Ursprung Buddha. Das zentrale Anliegen der Zen-Meister ist es, den Menschen zu helfen, ihre eigene Buddha-Natur zu entdecken und zu verwirklichen.

«Unser Geist ist in seinem Ursprung Buddha»: Das ist kein Glaubensbekenntnis und kein religiöses Dogma – es ist die Wahrheit. Buddha ist aber nicht die Person aus Indien, die vor etwa 2500 Jahren lebte und diesen Namen bekam. Dieser indische Buddha hat nichts mit unserem eigenen Buddha zu tun. Der Inder Siddharta Gautama wurde Shakyamuni Buddha genannt, der «Buddha aus dem Stamm der Shakya», weil er seine eigene Buddha-Natur erkannt hatte und für den Rest seines Lebens versuchte, den Menschen zu helfen, dasselbe zu tun.

Die Überzeugung, dass der Mensch göttlicher Natur ist, ist uralt. Man findet ihren Ausdruck bereits vor Buddhas Zeit bei den alten Weisen Indiens, den Rishis. Doch die meisten Völker machen eine Trennung zwischen göttlicher Natur und menschlicher Natur. Viele hegen die Vorstellung, die Menschennatur sei von vornherein primitiv und schlecht und bedürfe der Erziehung. Sie glauben, man müsse sich selbst bestrafen und trainieren, um den Geist dadurch langsam auf eine höhere Stufe zu heben. Und von da müsse er sich höher und höher entwickeln, bis er schliesslich Gott gleich werde. Solche oder ähnliche Vorstellungen sind weit verbreitet. Im Zen sieht man dies anders; es wird betont, dass die Natur der Menschen von allem Anfang an göttlich sei, und dass man dies bloss realisieren müsse. Wer dies getan hat, braucht weiter nichts zu tun.

Im Volksbuddhismus herrscht die Vorstellung, der menschliche Geist und alle Dinge in der Welt seien unbeständig und veränderlich, während die Buddha-Natur ewig und unveränderlich in sich ruhe. In eurer Sprache würde man sagen: Gott ist ewig, aber alles andere ist vergänglich. Doch in der Auffassung des Zen-Buddhismus ist eine solch passive, abstrakte Ewigkeit das Produkt einer einseitigen, Vorstellung und nicht die Wirklichkeit. In der Wirklichkeit des gelebten Lebens findet man kein ewiges Wesen namens Buddha oder Gott, und das, was wir als Buddha-Natur bezeichnen, zeigt sich nicht getrennt von unserer menschlichen Natur.

Vergleicht man die allgemein akzeptierten Auffassungen des Buddhismus und des Christentums in Bezug auf die göttliche Natur, findet man einen wichtigen Unterschied. Im Christentum kennt man nur einen Sohn Gottes, und dieser eine Sohn, Jesus Christus, war von allem Anfang an Gottes Sohn. Er wurde zwar als der Sohn eines Zimmermanns geboren, aber er war nicht dessen Kind. Er war Gottes Sohn. Und als solcher ist er der eine Erlöser für alle Menschen. Der Buddha hingegen war nicht immer ein verwirklichter Buddha, er erlangte die Buddhaschaft erst durch das Erwachen seines Geistes zur eigenen Buddha-Natur. Es bedurfte einer geistigen Entwicklung und seiner eigenen persönlichen Bemühung darum. Zwar ist die Buddha-Natur in allen Lebewesen vorhanden, in einem Spatz, einer Schlange, einem Kaninchen, einem gewöhnlichen Menschen, aber nur wer sie in sich entdeckt und im täglichen Leben aktualisiert, gilt als erleuchtet und als ein verwirklichter Buddha.

Im Christentum wird deduktiv auf die göttliche Natur von Christus geschlossen. Das heisst: Am Anfang stehen die Ideen von Gott und dem Menschen als Gottes Geschöpf. Folglich ist die göttliche Natur des Menschen ein Geschenk Gottes. Im Buddhismus hingegen wird die reine angeborene Buddha-Natur aus eigener Kraft entdeckt.

Das Schlüsselwort ist «entdeckt». So wie Gold im Erz entdeckt wird. Das Gold, das man in der Erde findet, ist mit Unreinheiten durchzogen. Man muss es ins Feuer halten und mit einem Hammer schlagen, bis es rein ist. Ebenso verhält es sich mit der Buddha-Natur: Sie ist im Menschen vorhanden, aber wenn sie nicht entdeckt wird, weiss man nichts davon. Man lebt in der fundamentalen Unwissenheit (Avidyā). Wenn man das Gold der Buddha-Natur in sich findet, ist es noch roh, d.h. mit allen möglichen Ideen und Vorstellungen vermischt. Durch die Reinigung und Verfeinerung in der geistigen Schulung bekommt es allmählich seinen Glanz. Jeder Mensch muss dies mit seiner Buddha-Natur selbst vollbringen; es gibt niemanden, der ihm dies abnehmen oder ihm das Gold schenken kann.

Der Buddhismus erklärt die Existenz der unterschiedlichen Lebewesen auf dieser Erde mit dem Konzept der unterschiedlichen Bewusstseinsgrade der Buddha-Natur Dabei werden hauptsächlich sechs Lebenswelten unterschieden:
1. Welt der Höllenbewohner (Naraka),
2. Welt der ewig hungrigen Wesen (Preta),
3. Welt der zerstörerischen Wesen (Asura),
4. Welt der Tiere,
5. Welt der Menschen und
6. Welt der Halbgötter (Deva).

Alle Lebewesen der sechs Welten haben dieselbe reine Buddha-Natur, doch bei den einen ist sie noch schlafend, d.h. völlig unbewusst, bei anderen halbwach und bei einigen wach. Jedes dieser Wesen könnte durch Hingabe an die höchste Erleuchtung im Laufe von vielen Verkörperungen seine reine, unverfälschte Buddha-Natur in sich wecken und realisieren.

Ihr solltet wirklich verstehen, dass es sich bei diesen unterschiedlichen Lebewesen nicht um faktische Geschöpfe eines Schöpfers handelt, sondern um Bewusstseinszustände. Sie existieren nicht ausserhalb unserer menschlichen Welt und können sich auch in einem einzigen Menschen zeigen. Ihr nennt sie dann psychologische Zustände. Wer hat nicht schon in einer Hölle geschmachtet und gelitten? Wer war nicht schon im siebten Himmel? Kennen wir nicht alle das unersättliche hungrige Wesen in uns und das Tier, das einfach seinen Instinkten folgt? Wir befinden uns bei weitem nicht immer im Menschenzustand.

Letztendlich weisen Buddhismus und Christentum beide auf die eine Quelle allen Lebens hin. Man mag sie die schöpferische Urkraft des Lebens, Gott, Buddha-Natur, reine Intelligenz, reine Liebe oder angeborene Weisheit nennen; in Wirklichkeit hat sie keinen Namen. Während Jesus die vollständige Weisheit dieser Quelle angeblich schon im Alter von zwölf Jahren zeigte, entdeckte sie der Buddha durch geistiges Bemühen während Jahren intensiver Meditation.

Betrachtet man beide Religionen als Ausdruck desselben Bewusstseins, betont die göttliche Geburt von Jesus den absoluten, unveränderlichen Aspekt, auch Christusbewusstsein genannt. Dieses übersteigt das Menschenbewusstsein und offenbart sich dem Menschen als Gnade. Der Erleuchtungsweg des Buddha jedoch betont den relativen, veränderlichen Aspekt des reinen Bewusstseins innerhalb des menschlichen Daseins. Somit ist aus buddhistischer Sicht jeder Mensch immer Mensch und Buddha zugleich. Seine unerleuchtete, unwissende Mensch-Natur und seine erleuchtete, wissende Buddha-Natur existieren gleichzeitig und bedingen sich gegenseitig.

*

Dieselbe Buddha-Natur, die uns Menschen innewohnt, wohnt auch allen anderen Lebewesen inne.

Die Mönche der alten Zeit kämpften jahrelang um Buddhaschaft. Sie unternahmen Pilgerreisen und meditierten tagelang. Um ganz ehrlich zu sein: Ihr braucht keine Meditation zu üben, um die Buddha-Natur zu erlangen. Jetzt, in diesem Augenblick, habt ihr sie. Statt sie zu benutzen, versucht ihr jedoch, sie irgendwo zu finden.

Es gibt keinen anderen Geist, der irgendwo ausserhalb von uns im Universum existiert. Und keinen absoluten Buddha losgelöst vom menschlichen Geist.

Auch ihr könnt erkennen, dass das Bewusstsein nur in euch selbst existiert, und dass alles, was ihr erlebt, von morgens bis abends nichts anderes als eine Manifestation dieses Bewusstseins ist. «Buddha-Natur» ist nur ein Name dafür.

Beides ist nötig: Erkenntnis und Verwirklichung. Man mag den Buddha-Zustand intellektuell verstehen, aber kein bisschen Buddha-Natur im Herzen manifestieren. In diesem Fall kann man sich als Buddhisten bezeichnen. Aber wir ziehen ein ehrliches Herz dem scharfen Verstand vor.

Ein Schüler fragt: «Was ist Buddha-Natur?» Der Meister gibt ihm einen Schlag: «Das!»

5

Was ist Zen?

Man kann über den geistigen Hintergrund, die Geschichte und die Methodik des Zen sprechen und Vorträge halten. Aber die Vorträge haben nichts zu tun mit der direkten Erfahrung, sie sind bloss Wegweiser dazu. Es ist hilfreich, den Weg zum Tor zu kennen, damit man nicht unnötig in die Irre geht. Doch wenn man das Tor durchschreitet, um in das gegenwärtige Gewahrsein einzutreten, muss man alles erworbene Wissen wieder aufgeben.

Die Zen-Schule ist eine Form des Buddhismus, die in Südindien entstanden ist. Ihre Hauptbetonung lag in der Selbsterkenntnis durch Meditation.[12] Von Südindien aus gelangte sie nach China, wo sie sich in Verbindung mit dem Taoismus zur sogenannten Ch'an-Schule entwickelte. Von China wurde sie nach Japan gebracht und direkt auf das tägliche Leben bezogen. Im japanischen Leben hat alles, von der abstrakten Kunst bis zur persönlichen Moral, eine Wurzel im Zen.

Das System des Zen kann entsprechend der buddhistischen Philosophie von drei verschiedenen Standpunkten aus dargelegt werden. Welches sind diese drei Standpunkte? Wir nennen sie den Standpunkt des Absoluten, den Standpunkt des allen Wesen gemeinsamen Bewusstseins und den Standpunkt der Aktivität des Bewusstseins. Diese drei Aspekte wirken immer und überall ineinander.

Das Absolute, ist die Wirklichkeit[13] selbst, der Urzustand, das Urgesetz aller Existenz. Das allen Wesen gemeinsame Bewusstsein ist die angeborene Weisheit, die in allen Lebewesen wirkt und jeder Art ihr eigenes Leben ermöglicht. Es ist nicht persönlich. Die Aktivität des Bewusstseins ist die individuelle Ausformung des einheitlichen Bewusstseins. Sie ist persönlich und bestimmt den Verlauf des individuellen Lebens.

Es gibt Menschen, welche die menschliche Schönheit studieren, z.B. Bildhauer und Maler, es gibt Menschen, die den materiellen Wert der Dinge studieren, z.B. Ökonomen, und es gibt Menschen, welche die Macht studieren, z.B. Militaristen und Politiker. Doch im Zen studieren wir den menschlichen Geist, die Grundlage des Denkens und Handelns. Schriftsteller und Dichter befassen sich auch mit dem menschlichen Geist, doch sie spezialisieren sich auf dessen poetischen Ausdruck. Wir studieren seine Beschaffenheit und Struktur und bemühen uns, alle seine Aspekte zu nutzen. Wenn ein persönlich geprägtes Bewusstsein mit einem anderen persönlich geprägten Bewusstsein in Kontakt kommt, ergeben sich daraus entweder Konflikte oder Harmonie. Ein Mensch, der nicht nur vom persönlichen Standpunkt aus handelt, sondern das ganze Potenzial seines Geistes kennt und verwirklicht, der erfährt in seinem täglichen Leben ein Minimum an Konflikten.

Was ich «studieren» nenne, ist aber nicht dasselbe, wie ein wissenschaftliches Buch zu studieren oder an einer Hochschule Vorlesungen zu hören. In der Zen-Schulung reden wir nicht theoretisch über die Dinge, und es gibt keine Debatten. Erkenntnis kommt nicht durch Diskussionen. Jeder Einzelne setzt sich auf seinen eigenen Sitz, und auf diesem Sitz erleuchtet er sich selbst. Da gibt es keinen Platz für philosophisches Geschwätz. Das, was zählt, ist die Schlussfolgerung.

Wenn uns jemand fragt, was wir im praktischen Zen üben, lautet die Antwort: «Wir üben das Aufgeben». Als Erstes geben wir die Welt auf, als Zweites geben wir unsere Ideen auf, und schliesslich geben wir uns selbst auf. Um der Welt zu entsagen, ist es aber nicht nötig, das Geschäft oder die Familie aufzugeben. Man soll bloss auf nutzlose Gedanken verzichten und in der Stille, die sich daraus ergibt, handeln.

Wenn Zen-Schüler die Welt aufgegeben haben, beginnen sie normalerweise die Sutras zu studieren und übernehmen buddhistische Ideen. Es ist die Aufgabe des Zen-Meisters ihnen zu helfen, alle Ideen aufzugeben und eine wahrheitsgemässe Haltung zu entwickeln. Im dritten Stadium muss der Schüler sich selbst aufgeben, um der menschlichen Welt zu dienen. Es gibt nicht viele, die dieses Stadium erreichen. Wenn alle es täten, gäbe es keine Schwierigkeiten im täglichen Leben.

Die drei Stadien können anhand eines Sinnbildes dargestellt werden: Ein Bambus wächst aus einem Sprössling Tag um Tag, bis er die Höhe von drei bis fünf Meter erreicht hat. Sein Laub ist tiefgrün und glänzend. Wie schön er ist! Dieses Stadium entspricht dem Menschen, der das weltliche Leben aufgegeben hat und in das buddhistische Leben eingetreten ist. Sein Wissen und seine Philosophie leuchten wie das grüne Laub des Bambus.

Um aus einem Bambus etwas Brauchbares zu machen, müssen die Blätter abgeschnitten werden, so dass nur ein gerader, langer Stock übrig bleibt. Dies entspricht dem zweiten Stadium, wo alle Ideen «abgeschnitten» werden.

Im dritten Stadium wird der Bambusstock von seiner Wurzel abgetrennt. Nun kann er für alles mögliche benutzt werden. Eine Frau hängt daran die Windeln ihres Säuglings zum Trocknen auf, ein Bootsmann benutzt ihn, um sein

Boot durch das Wasser zu schieben, jemand anders macht eine Flöte daraus oder einen Korb oder Essstäbchen.

Viele Schüler sind stolz darauf, ein schöner Bambus voller eleganter Blätter zu sein, aber wer mag schon die Idee, eine Wäschestange oder ein Essstäbchen zu sein? Es ist sehr schwer, das Bildnis von sich selbst aufzugeben, denn jedermann hält an seinem Ich, an seiner Wurzel fest. Aber ein solcher Bambus kann nicht benutzt werden, man kann ihn höchstens im Garten stehen lassen.

Zen unterscheidet sich von den meisten Religionen der Welt, indem es darauf zielt, die unaussprechliche Wirklichkeit direkt zum Ausdruck zu bringen, ohne sie in Begriffe, Symbole oder Bilder zu kleiden.

Unseren gegenwärtigen Bewusstseinszustand aktiv zu nutzen und die wahre Sicht zu verwirklichen, so, wie es Shakyamuni Buddha getan hatte, das ist Zen.

Zen bedeutet, ohne Worte zu denken.[14] Beim Denken ohne Worte arbeitet der Geist wie ein Blitz – Frage und Antwort erscheinen simultan. Wenn die Frage klar und deutlich wird, ist die Antwort da.

ES zu verwirklichen – ohne darüber nachzudenken oder zu reden – das ist Zen.

Die Zen-Schulung entkleidet einen von allen Vorurteilen und Vorstellungen, von allem angelernten Wissen und von allen Worten. In der geistigen Nacktheit sieht man sich selbst.

Das Wort «Meditation» ist zu klein, um das Wesen von Zen zu umschreiben.

Wenn ich jemanden treffe, der mehrere Jahre lang Zen praktiziert hat und immer noch seiner intellektuellen Tendenz folgt, dann weiss ich, dass sein Zen nicht frei und stark ist.

Es ist närrisch, philosophische Abhandlungen über Zen zu lesen und zu denken, man verstehe es nun und könne gar darüber predigen. Aber es ist nötig, sich mit Zen zuerst auch philosophisch zu befassen, sich auch auf dieem Weg zu bemühen. Man benutzt das philosophische Seil, indem man sich daran festhält und langsam daran rückwärts geht, bis zum Ende. Die Erkenntnis muss auch zu einer philosophischen Schlussfolgerung führen, sonst ist es keine Erkenntnis.

Zen bringt disziplinierte Personen hervor. Diese zeigen keine launischen Gefühlsregungen, und wenn sie sterben, stammeln sie nicht vor sich hin. Sie nehmen alles im Leben mit Würde, Ruhe, Gelassenheit und Standhaftigkeit entgegen. Und sie haben Humor.

Jeder Scharlatan kann die Zen-Haltung nachahmen, und diejenigen, die auf ihn hereinfallen, imitieren ihn in der Meinung, sie verstünden Zen. Es gibt viele solche Nachahmer, selbst in meiner Heimat Japan.

Es gibt viele Zen-Krankheiten. Wenn ein Zen-Schüler denkt, Zen habe bewirkt, dass er lebendiger, tiefgründiger oder klüger geworden sei, ist das nichts anderes als eine krankhafte Überzeugung.

Einige Zen-Schüler sitzen mit grimmiger Miene da, angespannt wie ein praller Ballon, die Finger perfekt gerundet mit sich berührenden Spitzen. Wahres Zen ist anders. Wenn man einen echten Zen-Schüler sieht, kommt man nicht auf den Gedanken, dass er ein Zen-Schüler ist – man sieht nur einen einfachen, gewöhnlichen Menschen.

Eine andere Schwäche von Zen-Schülern ist es, leichtfertig zu werden. Aber das ist immer noch besser, als eingebildet zu sein oder todernst durch die Strassen zu marschieren.

Letztlich zählt nur das tägliche Leben. Deshalb folgt auf das Zen-Training immer ein weiteres Stadium: die Einübung in die Kunst des Lebens. Es ist nicht leicht, Zen konsequent anzuwenden.

6

Wirklichkeit – Weisheit – Erleuchtung

Als erster Schritt zur wahren Erkenntnis machen die Buddhisten eine denkerische Unterscheidung zwischen Erscheinungswelt und Wirklichkeit. Die Erscheinungswelt besteht aus all dem, was wir mit unseren fünf Sinnen wahrnehmen. Die Wirklichkeit ist das, was der Erscheinungswelt zugrundeliegt und sie erzeugt, aber mit den Sinnen nicht wahrgenommen werden kann. Sie kann nur mittels der höchsten Weisheit gesehen werden. Die höchste Weisheit ist intuitiv, sie hat nichts zu tun mit unserem Denken. Das Sehen der Wirklichkeit ist identisch mit Erleuchtung.

Buddhas Erleuchtung ist der Ursprung des Buddhismus, und Buddhas höchste Weisheit ist die Grundlage seiner Lehre. In den buddhistischen Schriften liest man, dass Shakyamuni Buddha etwa 500 v.u.Z. nach einer langen Meditation von sieben Tagen und Nächten am Morgen unter dem Bodhibaum in Bodhgaya, im Königreich von Magadha, Indien, «vollkommenes Erwachen» (Bodhi) und allumfassende Weisheit (Sarvajñana) erlangt hatte. Als Kind dachte ich, allumfassende Weisheit bedeute, das gesamte Wissen von Naturwissenschaft, Philosophie, Theologie, Soziologie usw. zu besitzen. Das war natürlich eine kindliche Vorstellung. Allumfassende Weisheit hat nichts mit Klugheit oder derjenigen Intelligenz zu tun, mit der wir uns das Wissen über die objektive Welt aneignen. Was dem Buddha nach langer Meditation geschah, kann man notdürftig umschreiben als die spontane Öffnung seines Weisheitsauges, das ihm plötzlich das Wesen der ganzen

Existenz offenbarte. Nachdem er dies erlangt hatte, analysierte er alle Wahrnehmungen und Bewusstheitsvorgänge genau, um den Menschen zu helfen, ebenfalls Erleuchtung zu erfahren.

Um das Wesen der Dinge aus Buddhas Sicht zu erklären, verwendet man den Gedankentrick der Unterscheidung zwischen Erscheinungswelt und Wirklichkeit. Zur Erscheinungswelt gehört alles Objektive, das sich unseren Sinnen präsentiert. Die Wirklichkeit ist das, was unabhängig von unseren Sinnen existiert. Da unsere Sinne nur eine limitierte, bedingte Wahrnehmung ermöglichen, ist das, was wir sehen, hören usw. nicht die Wirklichkeit, sondern ein Abbild davon. Um die Wirklichkeit zu erfassen, bedarf es eine anderen Sichtweise, einer Sichtweise, die nicht auf den beschränkten Sinnesorganen beruht. Diese andere Sichtweise hat der Buddha gefunden. Die Frucht war seine erleuchtete Sicht.

Farben, Klänge, Gerüche, Geschmack, Tastempfindung und auch das Denken haben ihren Ursprung in der Aussenwelt, sind aber nicht die wirklichen Eigenschaften der Aussenwelt. Es sind die Eindrücke, welche die Sinnesorgane von den Dingen in unserem Bewusstsein hinterlassen. Folglich sind alle wahrnehmbaren und benennbaren Dinge Erscheinungsformen der Wirklichkeit und nicht die Wirklichkeit selbst. Nehmen wir z.B. die Farbe rot. Als ich meine Mutter fragte, warum rot rot sei, sagte sie: «Weil es rot ist!» Warum ist grün grün? Weil es grün ist. Heutzutage lernen die Kindern in der Schule, dass die Farben nicht im Objekt sind; sie entstehen in der Retina der Augen, genau so wie Klang im Trommelfell der Ohren erzeugt wird. Farbe ist Schwingung von Licht und Klang ist Schwingung von Luft. Die Geräusche, die wir hören, die Farben, die wir sehen, existieren also da draussen in der Welt nicht wirklich. Was ist es dann, das wirklich existiert? Man kann es nicht mit den Sinnen sehen, aber man «fühlt» und «weiss», dass es existiert.

Durch die Untersuchung der Aussenwelt mit wissenschaftlichen Methoden gelangt man zum Verständnis der Materie, aber nicht der Wirklichkeit. Der direkte Weg zur Wirklichkeit geht über das Bewusstsein selbst. Man wendet die eigene Weisheit an und schaut, was sich im Bewusstsein abspielt, bis man die Wahrheit erkennt. Die Wirklichkeit mittels der eigenen Weisheit unmittelbar zu erfassen, ist der direkte Weg, während die wissenschaftlichen Methoden indirekte Wege sind.

Mir scheint, dass der direkte Weg in der westlichen Hemisphäre kaum je gepflegt wurde. Eure Wissenschaft betont die objektiven Methoden der alten Griechen. Die Weisen Indiens hingegen versuchten von allem Anfang an, die Wirklichkeit durch Meditation zu «sehen». Sie gaben sich nicht mit dem Wissen über die Materie zufrieden und vertrauten ihren Sinnen nicht blind, sondern gingen den Weg bis zur Quelle des Wissens zurück: Sie entfernten die erste Schicht ihrer materiellen Kenntnisse, dann die zweite und die dritte, so wie man eine Zwiebel schält. Wenn alle Schichten abgetragen sind, bleibt nichts übrig. Die Mitte ist leer.

Als eine Ganzheit ist New York «leer», es hat keinen bestimmten Klang, keine bestimmte Farbe. Es wird dauernd in unseren Sinnen neu geschaffen. Wir leben in einer Illusion namens New York, nicht in der Wirklichkeit. Obgleich wir dies wissen, können wir nichts daran ändern. Wir können die Farben, die unsere Augen sehen, nicht abweisen, auch nicht die Töne in unseren Ohren. Wir müssen diese unvermeidlichen Gegebenheiten akzeptieren. Alle direkten Sinneswahrnehmungen existieren unabhängig von unseren Wünschen und Emotionen. Sie gehören nicht in den Bereich unserer Willenskraft. Es sind die Tatsachen, die unsere Bewusstsein in dieser Weise widerspiegelt. Aber dieses Bewusstsein gehört nicht uns, es hat nichts mit der Person zu tun. Es ist ebenfalls eine Gegebenheit unserer Natur. Wenn ihr mittels eurer eigenen Weisheit zweifelsfrei erkennt, dass euer Bewusstsein das Bewusstsein der Natur ist, seht ihr die ganze Welt vollkommen anders.

In der westlichen Welt hingegen vertraut man dem angesammelten Wissen der Wissenschaft. Man türmt Materie auf Materie, und es entstehen immer mehr und immer höhere Wolkenkratzer. Während sich die eine Zivilisation in den äusseren Raum ausdehnt, gräbt die andere in den inneren Raum hinein. Der Buddha konnte keinen Boden finden, kein kleinstes Teilchen und kein substantielles, schöpferisches Ich. Und so formulierte er die Theorie vom «Nicht-Ich» als letztendliche Wirklichkeit. Die westliche Zivilisation hingegen baut auf der Idee von einem Ich.

Wir heutigen Menschen sollten beide Theorien verstehen. Andernfalls werden wir unseren menschlichen Fähigkeiten nicht gerecht. «Ich» ist der Ausdruck der einen Seite der Wahrheit, «Nicht-Ich» ist der Ausdruck der anderen Seite. Im Sanskrit heisst das Begriffspaar Atman und Anatman. Ob ihr eure eigene Natur «Ich» oder «Nicht-Ich» nennt, ist bedeutungslos, solange ihr versteht, was eure Natur ist.

Die Buddhisten sagen: «Das Aussen ist leer, das Innen ist leer; das Innen ist leer, das Aussen ist leer; alles ist leer.» Wenn sie dies hören, denken viele Menschen: «Nun, wenn alles leer ist, brauchen wir uns keine Mühe zu geben, leb wohl Buddhismus!» Doch gerade dieses «Leersein» ist das Ziel der buddhistischen Schulung. Ihr habt dafür ein anderes Wort: Ihr nennt es «Reinheit». Wir sprechen vom «leer» sein, ihr vom «rein» sein. Diese Worte zeigen die verschiedenen Auffassungen vom menschlichen Geist. Ihr denkt, wenn ihr rein seid, seid ihr ernsthaft, und wenn ihr leer seid, seid ihr dumm. Für uns bedeutet leer sein nicht dumm sein wie ein Idiot; es bedeutet «leer sein von einem Ich-Standpunkt» und «leer von einer urteilenden Instanz». Deshalb «entleeren» wir unseren Geist, um seinen Urzustand zu erfahren. Der Geist eines Kleinkindes ist leer und rein. Er ist aber auch dunkel, gleich einem schwarzen, rohen Diamanten. Im Laufe des Lebens sollte er mit Hilfe der eigenen Weisheit gleich einem durchsichtigen Diamanten werden, leer, rein und hell. Das ist unser Ziel.

Manche Menschen meinen, um zur Wirklichkeit zu gelangen, sei es nötig, sich in eine Höhle zurückzuziehen, nur ein Mal am Tag zu essen, die Augen zu schliessen und alles zu vergessen. Es ist aber nicht nötig, die Augen zu schliessen, noch ist es nötig, sie offen zu halten. Es ist nutzlos, in einer Höhle zu sitzen, um die Wirklichkeit zu finden, es ist aber auch nutzlos, zu diesem Zweck in den Strassen herumzurennen. Ihr könnt die Wirklichkeit in jedem Augenblick – gerade jetzt, während ihr hier sitzt – erfassen.

✷

Denkt nicht, Erleuchtung sei ein Wunder – es ist einfach das Sehen der Wirklichkeit. Es ist nicht wie ein Blitz im Auge, der bewirkt, dass die ganze Welt anders aussieht, es ist nicht so etwas Dummes. Weisheit ist das Licht des reinen Gewahrseins.

Wenn man in tiefer Meditation sämtliche Vorstellungen aufgibt, gelangt man zur angeborenen Weisheit, realisiert sie und wird eins damit. Das ist Erleuchtung.

Man darf sich nicht täuschen lassen von jeder beliebigen «plötzlichen» Erleuchtung, die jemand erlangt, wenn er lange gekämpft hat und dann plötzlich – «O!»

– etwas sieht. Diese momentane Sicht könnte sich als blosses Feuerwerk entpuppen, – pffft –; so schnell wie sie gekommen ist, so schnell ist sie vorbei. Es ist zwar auch eine Erleuchtung, aber eine, die man nach zwei Tagen vergessen hat.

Erleuchtung erzeugt keinen Heiligenschein über dem Kopf und kein Strahlen in den Augen. Niemand ist erleuchtet, weil seine Augen leuchten!

Es ist nicht nötig, alle Sutras zu lesen, um Weisheit zu erklangen. Ihr braucht euch nicht den Kopf zu zerbrechen. Auch ist es nicht nötig, viele Jahre lang zu warten; ihr könnt die Wirklichkeit in diesem Augenblick realisieren.

Kann jemand erklären, wie Wasser schmeckt? Trink das Wasser, dann weisst du es und brauchst nicht mehr darüber zu reden. Wenn man debattiert, verliert man den Geschmack und kann die Wirklichkeit nicht erfassen.

Wirklichkeit hat keine Form, sie ist weder rund noch viereckig, weder glatt noch rau; sie ist wie der leere Himmel, aber sie nimmt alle möglichen Formen an.

Da ihr nicht einfach sein könnt, kann euer Geist nicht einfach und rein sein. Ihr habt die Vorstellung, ihr müsstet etwas Besonderes sein oder tun. Ihr meint, eure Augen müssten glänzen und es sei nötig, allerhand rituelle Gesten zu vollziehen. Nein, es ist nur nötig, in die Stille einzutreten und aufhören, etwas zu wollen.

Die Aussage «Alles ist Wirklichkeit» bezieht sich nicht auf die vergängliche Materie der Dinge, sondern auf ihre innewohnende Essenz.

Wenn man die Wirklichkeit realisiert, kann man sich allen Zweigen des menschlichen Wissens zuwenden. Dann ist man ein reifer Mensch. Aber solange man sich noch anstrengt, um die Wirklichkeit zu erreichen, ist man wie ein unreifes Kind.

Die Menschen stellen sich in der Regel vor, die Erscheinungswelt sei aussen und die Wirklichkeit innen; doch in der Wirklichkeit gibt es kein Innen und kein Aussen. Denn die Innenwelt existiert nur im Zusammenhang mit der Aussenwelt.

In der Zen-Schule macht man keine Unterscheidung von Innenwelt und Aussenwelt. Man «schluckt» einfach das Ganze, ohne es zu analysieren. Oder besser gesagt, man tritt in ES ein. Aber wenn man das wesentliche Prinzip des Buddhismus erklären will, dann muss man diese Trennung machen.

7

Bewusstsein

Wir Buddhisten setzen Bewusstsein nicht mit dem Denken gleich, noch suchen wir es in irgendeinem Körperteil. Wir glauben, dass jedes Atom des Körpers, das ganze Nervensystem, jede einzelne Zelle und das ganze Leben Bewusstsein sind.

Der Buddha lehrte, dass Bewusstsein in Verbundenheit mit dieser materiellen Welt vorhanden ist und nicht ausserhalb davon. Niemand erschuf es. Seine Funktion gleicht der eines Spiegels: Wenn das Abbild eines Objekts auf unser Bewusstsein stösst, wird es von diesem wie von einem Spiegel reflektiert. Bewusstsein und Objekt reflektieren sich gegenseitig. Wenn es keine Objekte gibt, tritt kein Bewusstsein in Erscheinung. Im traumlosen Tiefschlaf z.B. sind wir unbewusst. Trotzdem ist Bewusstsein im Körper vorhanden, denn das Herz, die Nieren und alle anderen Organe «wissen», was zu tun ist und auch die Ohren sind offen und nehmen Geräusche auf. Es ist das allgegenwärtige Bewusstsein der Natur, das in ihnen wirkt. Sobald wir träumen, sind wir wieder bewusst, jedoch nur sehr schwach. Da man im Tiefschlaf nichts vom allgegenwärtigen Bewusstsein weiss, kann man seine Existenz nicht nachweisen. Deshalb spricht man in diesem Fall vom schlafenden oder latenten Bewusstsein. Das schlafende, latente Bewusstsein ist unbewusst.

Unser persönliches Bewusstsein entsteht zusammen mit unserem Körper und ist deshalb nicht von der Materie getrennt. Wenn mein materieller Körper zu existieren aufhört, kann ich mein Bewusstsein nicht mehr wahrnehmen, denn der von der Materie losgelöste Geist ist sich seiner eigenen Existenz nicht bewusst. Deshalb ist unser eigenes Bewusstsein nichts Absolutes; es ist eine vergängliche Erscheinung, wie alles andere in dieser Welt. Formen und Farben, die wir gewöhnlich für sehr wirklich halten, sind durch unsere Sinne bedingt und haben somit nur eine bedingte Wirklichkeit. Die äusseren Erscheinungen haben keine absolute Form oder Farbe, es ist unser Geist, der ihnen Form und Farbe zuweist. Man kann dies leicht beobachten, wenn man eine Droge oder zu viel Alkohol zu sich nimmt. Die absolute Existenz hat keine Farbe, keinen Klang, keine Gestalt. Dementsprechend betrachtet man im Buddhismus die ganze Wahrnehmung des Universum als ein Produkt des Zusammenspiels vom unpersönlichen, fundamentalen Bewusstsein und dem veränderlichen individuellen Bewusstsein. Man kann die beiden nicht voneinander trennen. Zusammen schaffen sie unsere Welt; das Bewusstsein unserer Welt sind wir selbst.

Auch die anderen Geschöpfe der Natur haben das fundamentale Bewusstsein. Es gehört allen. Es ist das Wissen, das ihnen zeigt, wie sie sich ernähren, schützen und fortpflanzen können. Die Efeupflanze windet sich dem Licht entgegen, und das zarte Gras stösst durch Felsspalten ans Tageslicht. Aber wie beim neugeborenen Kind ist dieses Wissen unbewusst.

Das fundamentale, reine Bewusstsein ist die Basis von Buddhas ganzer Lehre. Es ist das, was wir im Buddhismus unter «Buddha-Natur» verstehen. Die Fähigkeit dieses Bewusstseins zu erwachen, heisst auf Sanskrit «Bodhi» und wird oft als «angeborene Weisheit» übersetzt. Vollkommen und vollständig erwachte Bodhi ist das Merkmal der Erleuchtung (Samyak-Sambodhi) und der Buddhaschaft (Samyak-Sambuddha), die in der Aussage gipfelt: «Ich bin

Buddha». Natürlich ist dieses Ich nicht der eigene Körper und nicht das persönliche Bewusstsein, es ist aber auch nichts davon Getrenntes. Dies mag unserem Vernunftdenken paradox erscheinen, dem von Bodhi durchdrungenen Geist jedoch ist es ganz klar. Denn durch Bodhi hebt sich die vermeintliche Trennung zwischen dem menschlichen Bewusstsein und dem universalen Bewusstsein auf; Osten und Westen, Norden und Süden vereinigen sich und lösen sich auf. Aus diesem Standpunkt betrachtet, ist das Bewusstsein eins –, frei von Gegensätzen und ohne unter scheidbare Eigenschaften.

Ihr meint, rot sei die Farbe des Blutes, blau sei die Farbe des Wassers, Wasser sei kalt, Feuer sei heiss und ein Messer verursache Schmerz. Der Schmerz gehört nicht zum Messer, er gehört zur Hand. Alle diese Empfindungen sind nicht die Eigenschaften der Aussenwelt, es sind die Wirkungen unserer Sinneswahrnehmungen auf unser eigenes Bewusstsein.

Alles, was wir sehen, hören, riechen, schmecken, tasten und denken, ist eine Auswirkung unseres eigenen Bewusstseins. Wenn wir das Bewusstsein wegnehmen, ist nichts da – keine Farbe, kein Geräusch, kein Berg, kein Fluss. Wir sollten jedoch dieses «nichts» nicht für die Wirklichkeit halten, da es nur unsere menschliche Interpretationen der relativen Wahrnehmung ist. Ich gebe zu, dass ich diesen Fehler auch gemacht habe, bevor ich zur wahren Erkenntnis kam.

Unser persönliches Bewusstsein ist nicht identisch mit dem fundamentalen Bewusstsein der Urnatur, aber es ist auch nicht getrennt davon. Mit dieser radikalen Auffassung unterscheidet sich der Buddhismus von vielen anderen Religionen, in denen das fundamentale, absolute Bewusstsein mit einem jenseitigen Schöpfergott oder mit einem personifizierten «wahren Selbst» gleichgesetzt wird.

Versucht nicht, das universale Bewusstsein innerhalb eures Körpers zu finden. Es ist überall – wir sitzen mitten drin. Und denkt nicht, es sei tief. Was stellt ihr euch denn unter «tief» vor? Gebraucht die Wörter «tief» oder «höher» nicht, sagt lieber «grenzenlos», wenn ihr über das Bewusstsein sprechen wollt.

Das universale Bewusstsein ist unendliches Bewusstsein und wird nicht im Schädel aufbewahrt. Dieser Schädel ist wie ein Radioapparat. Er nimmt die Gedankenimpulse aus dem unendlichen Geist auf, wie ein Radioempfänger die Schwingungen aus der Atmosphäre aufnimmt. Wenn wir uns hier versammeln, empfangen wir Schwingungen aus der Zeit vor 2500 Jahren.

Wenn das Bewusstsein verschwindet, verschwindet die ganze Welt. Wir nennen diesen Zustand «Nicht-Sein». Kehrt das Bewusstsein wieder zurück, erscheint auch die ganze Welt wieder. Dies nennen wir «Da-Sein».

Das natürliche, menschliche Bewusstsein und das allumfassende, universale Bewusstsein vereinigen sich ganz von selbst, wenn keine Gedanken dazwischen stehen.

In der indischen Kunst wird das eine Bewusstsein mit sechs Füssen, sechs Händen und sechs Köpfen dargestellt. In jeder Handfläche und jeder Fusssohle befindet sich ein Auge, ebenso in jeder Pore der Haut und in jedem Haar.

8

Die Kraft des Intuitiven Wissens

Die Buddhisten glauben, dass die Kraft, die dem Menschen zum geistigen Erwachen verhilft, eine Kraft ist, die dem Bewusstsein a priori innewohnt. Auf Sanskrit heisst dieses intuitive Wissen Prajñā.

Wer auch immer sich mit Zen oder mit dem Buddhismus ein wenig auseinandersetzt, stösst früher oder später auf den Begriff von Prajñā. Es gibt eine ganze Gruppe von Sutras, die darauf basieren, so auch das berühmte *Herz-Sutra (Mahāprajñāpāramitā-Hridaya-Sūtra)*. Da ich keine gute Übersetzung für Prajñā kenne, habe ich mich behelfsmässig für Weisheit oder Wissen entschieden. Aber Weisheit ist nicht ganz zutreffend. Prajñā ist die Eigenschaft des Geistes, alles aus sich selbst heraus zu wissen und in seiner Wirklichkeit zu erfassen; ohne Ausbildung, ohne Lernen, ohne Erfahrung. Dieses Wissen ist uns und allen anderen Lebewesen angeboren. Es ist das universale geistige Prinzip, das die Fakten des gegebenen Augenblickes unmittelbar erfasst und dadurch das natürliche Leben steuert. Es existiert im Wasser, im Feuer, in der Luft, in den Pflanzen, den Tieren, im Menschen und auch in Gott. Dank diesem Wissen findet alles seinen natürlichen Weg.

Es mag merkwürdig sein, bei Tieren und Pflanzen von Weisheit zu sprechen, doch diese Lebewesen sind gute Beispiele für die «unbewusste» oder instinktive Weisheit, die in allen Lebenserscheinungen am Werk ist. Pflanzen suchen im Dunkeln mit langen dünnen Ranken nach dem

Sonnenlicht. Sie stossen ihre zarten Arme durch Spalten von Mauern und fühlen den Sonnenschein.

Das chinesische Schriftzeichen für Prajñā bedeutet sowohl Instinkt als auch Intuition. In uns Menschen ist es die angeborene Kraft, die unabhängig vom Gedächtnis erkennt und handelt. Vielleicht ist Intuition das beste Wort für Prajñā.

Es gibt zwei Arten von Intuition: gefühlsmässige Intuition und intellektuelle Intuition. Durch intellektuelle Intuition erkennt der Mensch Dinge, die mittels seiner fünf Sinne nicht wahrnehmbar sind. Sie ist nicht persönlich. Die gefühlsmässige Intuition hingegen gehört zum persönlichen Charakter des einzelnen Menschen. Sie ist geprägt von der Mentalität, in die man hineingeboren wurde und äussert sich als unbewusste innere Einstellung bzw. geistige Haltung. Das Kind irischer Eltern hat eine irische Mentalität, das Kind japanischer Eltern hat eine japanische Mentalität. In der buddhistischen Lehre entspricht Prajñā der gefühlsunabhängigen intellektuellen Intuition.

Es war Buddhas grosse Errungenschaft, das intuitive Wissen in sich entdeckt und aus ihm heraus gelebt zu haben. Prajñā ist die Basis seiner Erleuchtung und das Herz seiner Lehre, die besagt, dass jeder Mensch aus sich selbst heraus ebenfalls zu dieser Erleuchtung kommen kann.

Dank der innewohnenden Weisheit, Prajñā, können wir Menschen unser eigenes Bewusstsein beobachten und die wahre Grundlage unseres Denkens und Verhaltens erkennen. Diese Grundlage ist das universale Bewusstsein, das keine Identität besitzt. Wir sind von allem Anfang damit verbunden, aber unsere Unwissenheit und Ichbezogenheit gaukeln uns etwas anderes vor.

✼

Prajñā, zeigt sich in dem Moment, wo wir von törichten Wünschen absehen und einfach so handeln, wie es den Umständen entspricht.

Zu Beginn des Lebens benutzt man das Licht der Weisheit unbewusst, genau so wie die Fische im Wasser. Sie wissen nicht, dass sie eine wunderbare Laterne haben, aber sie benutzen sie immerwährend intuitiv.

Wenn man in intensiver Meditation plötzliche Klarsicht erlangt, manifestiert sich die innewohnende Weisheit. Man erwacht zum eigenen Selbst. Aber dieses Selbst ist nicht die eigene Person.

Man kann nicht mit Hilfe der eigenen Ideen und dem eigenen Willen in dieses Selbst «hinein» erwachen. Man muss alles Wollen und Suchen aufgeben. Dann zeigt sich Prajñā von selbst.

Im Licht von Prajñā zu leben ist das A und das Ω des Zen. Es gibt nichts anderes zu tun.

Das Licht der innewohnenden Weisheit wird aus unserem überpersönlichen Bewusstsein heraus geboren, und dieses Licht vertreibt die Dunkelheit der Unwissenheit.

Die meisten Leute denken, sie hätten kein Prajñā, weil sie es nicht kennen. Ihr Denken steht im Weg. Aber wir alle haben es, und zwar ununterbrochen.

Hat man das innere Wissen gefunden, ist jedoch nachlässig und faul, kann man seinen Hinweisen nicht folgen. Ihr müsst total ehrlich sein mit eurer Weisheit, nur so werdet ihr ihre Mission erfüllen können.

9

Selbstvertrauen

Der Buddha betonte das Nicht-Vorhandensein von einem Ich, und seither schlagen sich die Menschen mit der Idee von «Nicht-Ich» herum. Sie reden sich ein, sie müssten ihr Ego zerstören oder negieren. Aber das ist genauso illusorisch. Wie kann man ohne Ego sein? Es soll einfach aus dem Zentrum unseres Denkens und Handelns verschwinden. Dann offenbart sich die Wahrheit von Nicht-Ich von selbst.

Vom dualistischen Standpunkt aus gesehen, bei dem man das ganzheitliche Sein in Geist und Materie trennt, hat jedes Wesen seine eigene individuelle Existenz. Doch der Buddhist glaubt nicht an die Schaffung von bestimmten individuellen Seelen. Nach seiner Überzeugung führt das universale Bewusstsein viele Leben gleichzeitig, wobei jedes durch die gegebenen Umstände bestimmt wird: In einer Frau ist es das Leben einer Frau, in einer Katze das Leben einer Katze, in einem Hund ein Hundeleben, in einem Spatz ein Spatzenleben. In der Auffassung des Buddhismus ist das Ich-Bewusstsein kein isoliertes, abgegrenztes Bewusstsein, das mir gehört. Es hat keine bestimmte Form. Die übliche Identität mit dem eigenen Ich, die darin besteht, dass man es für eine selbständige Instanz und Wirklichkeit hält, ist eine grundlegende Täuschung, die es zu durchschauen und zu überwinden gilt. Sie verleitet die Menschen, falsche Ansichten über die Welt zu formen und, daran festhaltend, viele Fehler und Irrtümer zu begehen. Wer seinen eigenen ursprünglichen Geist findet, erfährt unweigerlich dessen Ichlosigkeit und Universalität.

Als das Kind eines Shinto-Priesters glaubte ich an den Shinto-Gott. Der Shinto-Gott hat keinen physischen Körper; er ist allgegenwärtig, allmächtig und allwissend und schützt die Gläubigen in jeder Art und Weise. Im Shintō kennt man die Vorstellung von einem strafenden Gott nicht, doch man glaubt, dass Gott leidet, wenn man einen Fehler macht. Ausser dem Hauptgott kennt der Shintōismus noch eine Vielzahl von Göttern und Göttinnen. Als ich zum ersten Mal mit der christlichen Religion in Berührung kam, schien es meinem kindlichen Gemüt daher ganz natürlich, dass es auch einen eifersüchtigen, strafenden Gott in der Welt geben soll. Mit dem Eintritt in den Glauben des Zen realisierte ich allerdings, dass es keine Götter und Göttinnen ausserhalb von uns selbst gibt. Unser wahres Selbst ist Gott, und es ist nicht nötig zu diskutieren, ob er innerhalb oder ausserhalb ist.

Es ist nicht leicht, die Idee, dass man selber Gott ist, ernstzunehmen. Es ist zwar eine vernünftige Schlussfolgerung des Denkens, aber das religiöse Gefühl kann diese nicht ohne weiteres annehmen. Wenn es keinen Gott gibt, den man im Gebet anflehen kann, fühlt man sich erst einmal ziemlich verloren. Viele, die zum ersten Mal mit diesem «Du-bist-selber-Gott-Zen» in Berührung kommen, fürchten, ihr Leben werde trocken und wertlos, weil sie meinen, dadurch jegliches religiöse Gefühl zu verlieren. Ich vermute, dieses Verlustgefühl ist nicht nur Menschen vertraut, die sich gedanklich mit Zen beschäftigen, sondern auch Agnostikern, Sophisten und Skeptikern und anderen gebildeten Menschen, welche die Gottesidee hinterfragen.

Vor langer Zeit wurde auch ich in diese Ecke gedrängt und fühlte mich recht hilflos. Denn der Satz «Gott ist in dir» erzeugte in mir, wie wohl in den meisten Menschen, die Vorstellung, dass Gott plötzlich in meinen Körper hineingezwängt wird. Alles schien darob sehr klein und eng. Auf der Suche nach einem Ausweg studierte ich die Sutras und entdeckte manches durch Meditation.

Eines Tages begriff ich plötzlich: Mein göttliches Selbst ist nicht mein persönliches Ich, und mein Ich, welches Gott ist, gehört nicht mir. Es ist das ganze Universum, die potentiellen Kraft des Geistes, die sich in allen Lebewesen manifestiert. Ich realisierte, dass es ein Fehler meines eigenen Vernunftdenkens gewesen war, das Gott auf die Grösse meines Egos einzuschränken versucht hatte, während es in Wirklichkeit gerade umgekehrt ist: Wenn das Ich das Ich des ganzen Universums ist, löst sich das Ego auf.

Um dies zu veranschaulichen, stellte ich mir vor, ich sei ein Wasserkörper, der in einem bestimmten Gefäss im Ozean geboren wurde. Ich zerbrach dieses Gefäss und «mein» Wasser vereinigte sich mit dem anderen Wasser. Somit ist diese gegenwärtige körperliche Erscheinung namens Herr Sasaki nicht ich selbst, sondern eine Manifestation des einen grossen Lebens. Da sind vier grosse Götter am Werk: der Gott der Erde, der Gott des Wassers, der Gott des Windes und der Gott des Lichtes. Ich habe die Gesetze dieser vier Elemente in mir, und ich bin diese vier grossen Götter. – Auf diese Weise erkannte ich mich langsam selbst.

Nun fühlte ich mich nicht mehr allein im Universum. Das Radio in mir fing wieder zu singen an. Das Gebet, das ich seither Gott darbringe, ist nicht mehr an einen Gott gerichtet, der von anderen getrennt oder mit anderen verbunden ist. Es ist der natürliche Herzschlag der in mir wirkenden Weisheit.

Damals gelobte ich, meine eigene Weisheit zu bilden, um das Dasein und das Universum des Menschen zu verstehen. Dazu musste ich das Vertrauen in alle Lebensumstände pflegen, ohne das Vertrauen in mich selbst zu verlieren.

Wenn ich kein Vertrauen in meine Weisheit habe, die nicht mein Produkt ist, worauf soll ich dann vertrauen?

✷

Das, was hört, denkt, sieht, schläft, träumt und verdaut, das bin nicht ich. Das Ego hat nichts damit zu tun, es ist nicht der Handelnde.

Das Ichbewusstsein ist eine natürliche Frucht unserer körperlichen Existenz. Es ist müssig, es gewaltsam durch Disziplin, Askese oder Selbstaufgabe zerstören zu wollen. Es gilt bloss die Idee zu eliminieren, das Ego sei das Letzte oder das Höchste.

Es gibt weder im Geist noch im Körper etwas, das als Ich abstrahiert werden kann.

Jeder glaubt, er sei ein Einzelwesen und habe deshalb ein Ich. Doch nichts existiert ohne das andere. Es ist wie mit den Farben im Regenbogen: Alle sind deutlich sichtbar, aber keine kommt alleine vor. Es gibt kein Wesen, das nicht Teil eines anderen ist.

Du glaubst, dein Auge gehöre dir. Dein Auge gehört nicht dir. Du meinst, deine Hand gehöre dir, aber manchmal kann dein Wille die Hand nicht bewegen. Du glaubst, dieser Körper gehöre dir, aber du kannst nicht für immer darin bleiben. Wenn dein Gesicht dir gehört, warum bekommt es dann mit fortschreitendem Alter so viele Falten? Du kannst nichts dagegen tun. Nichts ist dein Eigentum, nicht mal du selbst gehörst dir. Dummkopf, das Ich, das du Ich nennst, ist nicht dein Ich. Es existiert nicht.

Selbsterweckung bedeutet: Man erwacht zu seinem Selbst. Aber dieses Selbst ist nicht das Selbst, das Herr Schmied oder Frau Braun genannt wird, sondern das Selbst, das keinen Namen hat. Es ist überall.

Gebt euch selbst, eure Ideen, Gedanken und Wünsche auf! Dann, plötzlich, findet ihr euer Selbst dort. Ihr braucht nirgends hinzugehen; ihr seid es!

Nicht unsere Gedanken und Ideen sind ursprünglich rein, sondern unsere Natur ist rein, weil sie ohne Ich ist.

Es gibt eine grosse Entscheidung, die wir immer und jederzeit im Geiste treffen müssen: Wer ist derjenige, den ich bei meinem eigenen Namen nenne?

10

Sicht in das eigene Urwesen

Zen-Meditation bedeutet nichts anderes, als in den eigenen Geist hineinzuschauen, bis man seinen Urgrund findet und Kensho hat. Kensho bedeutet wörtlich «die eigene Urnatur sehen» oder «Sicht in das eigene Urwesen».

Im Zen werden die Begriffe «Buddha-Natur», «Buddha-Wesen», «Urwesen» oder «Urnatur» häufig als Synonyme für den klaren Geisteszustand jenseits aller gedanklichen Aktivitäten benutzt. Obwohl dieser klare Geist unabhängig von den Sinnen und dem Denken existiert, können wir ihn realisieren, und zwar mit Hilfe der nicht-sinnlichen Intuition. Dies ist die Hauptaussage des Zen-Buddhismus.

Wenn der vollständig zur Ruhe gekommene, gedankenleere Geist durch die ihm innewohnende intuitive Intelligenz erhellt und kristallklar wird, erkennt man plötzlich seine Unermesslichkeit und Ichlosigkeit. Dies wird «Sicht in das eigene Urwesen» genannt.

Das Urwesen ist kein statisches, von uns selbst abstrahiertes Wesen. Der kristallklare Geist lässt sich nicht in einer bestimmten Form einfangen und bewahren, wie künstliche Blumen. Er verändert seine Gestalt andauernd und durchläuft viele verschiedene Phasen, jenachdem, was sich gerade im Leben abspielt. Auch gibt es kein individuelles Urwesen, das mir oder dir gehört, aber es ist in mir und in dir. Es ist bei allen dasselbe.

Das heisst aber nicht, dass die Urnatur alle Lebewesen gleichmacht und alle physikalischen Naturgesetze aufhebt. Im Gegenteil: Sie geht in alle Gesetze hinein. Im Wasser gehorcht sie dem Gesetz von Wasser, im Feuer gehorcht sie dem Gesetz von Feuer. Sie tritt ein in das Menschenwesen, in die Katze und den Hund. In einer Katze benutzt sie für die Nahrungsaufnahme keine Essstäbchen, sondern die Zunge. In einem Japaner benutzt sie Stäbchen, in einem Amerikaner Messer und Gabel. Wer aus dem Standpunkt der Urnatur heraus handelt, verwirklicht einerseits den Zustand, in dem es kein Gesetz gibt, und gleichzeitig den Zustand, in dem zahlreiche Gesetze gültig sind.

Unsere menschliche Sicht ist immer bis zu einem gewissen Grad verzerrt und vergiftet. Die vielen Gedanken, Vorstellungen und Meinungen hindern uns daran, die fundamentale Leere der Urnatur zu sehen und uns ihr zu überlassen. Wir betrachten alles wie durch gefärbte Brillengläser. Blaue Gläser lassen die ganze Welt blau erscheinen, rote rot. Aber die Urnatur wirkt immer auf ihr eigenes Gleichgewicht hin, weil sie selbst nicht durch Gegensätze behindert wird. Sie wirkt immer gegen Störungen an, weil sie selbst frei ist davon. So führt sie aus der Dunkelheit zum Licht, von der Unwissenheit zum Wissen, von der Verwirrung zur Klarheit und von der Unruhe zur Stille. Die Zen-Schulung ist darauf ausgerichtet, die störenden Einflüsse der verzerrten Wahrnehmung zu vermindern, um der Wirkung der Urnatur zum Durchbruch zu verhelfen. Durch richtige Meditation und Selbstbeobachtung werden alle Gedankenelemente – eines nach dem anderen – zur Auflösung gebracht, bis der Geist schliesslich «nackt dasteht». Es dauert in der Regel viele Jahre, bis alle Kleider abgelegt sind und die Urnatur vollkommen freigelegt ist. Die Sicht in das eigene Urwesen ist eine ganzheitliche Erfahrung und keine theoretische Schlussfolgerung.

✳

Wer seine eigene Natur nicht kennt, kennt auch sein Denken und sein Fühlen nicht. Er ist nicht im Stande, sein eigenes Leben zu leben, sondern ahmt nur andere nach, wie ein Kind, das zu einer formellen Party geht mit Vaters Seidenhut auf dem Kopf.

Wer seinen Urzustand kennt, kennt die Kraft, die seinen Körper am Leben hält und seine Nahrung verdaut, ganz ohne sein Dazutun.

Man soll beim Meditieren über die Urnatur die Augen nicht schliessen und sich nicht in die Dunkelheit des unbewussten Geistes zurückziehen. Statt euch in euren eigenen Geist zu verkriechen, setzt euch darauf und öffnet alle Sinne! So werdet ihr die wahre Natur des Bewusstseins entdecken!

Macht in eurer Meditation keine Trennungen zwischen aussen und innen, den fünf Sinnen; unterscheidet nicht zwischen Bewusstsein, Materie und Geist Das wäre falsch! Die Urnatur schliesst grundsätzlich die fünf Sinne und alle Sinnesobjekte mit ein. Sie ist unendlicher, grenzenloser Raum.

Ihr denkt, es sei die Schuld eures materiellen Körpers und eures vollgestopften Geistes, dass ihr so verblendet seid, und sucht aussen nach eurer Urnatur. Doch Erleuchtung wohnt von allem Anfang an in euch, ihr realisiert dies nur nicht. In Wahrheit braucht ihr euch deswegen keine Sorgen zu machen, der physische Körper und der mit viel Unsinn gefüllte Geist können euch nichts anhaben. Ihr müsst nur das Zentrum finden. Der Buddha fand es durch die Stille der Meditation.

Fast alle Menschen versuchen, den Zen-Buddhismus über das Studium der Literatur zu begreifen, wodurch sie ihrer Urnatur aber bloss mehr und mehr Jacken überstülpen. Der wahre Weg besteht nicht im Lernen, sondern im «Verlernen». Man zieht alle Wissenskleider aus, bis der Geist nackt ist, und durch dieses Tor tritt man in das unermessliche, grenzenlose Bewusstsein ein. Ihr sollt eure nackte Seele wenigstens ein Mal im Leben sehen und ihre Schönheit entdecken.

Der kristallklare Intellekt verhilft zur Sicht in die eigene Natur. Wenn ihr eure eigene Urnatur wahrhaftig kennt, mögt ihr sie nennen, wie ihr wollt.

11

Der leere Geist

Der ursprüngliche Geist ist einfach und leer – leer von Gedanken, Vorstellungen, Objekt, Subjekt. Diese Leerheit ist das Wesen des universalen Bewusstseins. Da wir Menschen nicht getrennt sind vom universalen Bewusstsein, ist auch unsere Urnatur leer.

Der leere Geist ist reines Gewahrsein. Es spiegelt die Formen der Erscheinungswelt ohne Interpretation. Doch wir Menschen formen die Eindrücke zu Bildern und Worten, die wir im Gedächtnis speichern. Zuerst machen wir uns Bilder von den Dingen der Aussenwelt – Lampe, Räucherstäbchen, Mann, Frau –, dann setzen wir unsere Vernunft ein und schaffen auch noch Worte für das, was nicht einmal aussen existiert: Liebe, Glück, richtig, falsch und viele andere abstrakte Begriffe. Ohne diese Worte können wir überhaupt nicht denken. Aber die Bilder und Worte sind nicht der Geist selbst. Es sind die Inhalte des Geistes. Nimmt man alle Inhalte heraus, sieht man den reinen Geist. «Rein» und «leer» sind gleichbedeutend.

Die Worte «leer» und «Leerheit» sind trügerisch. Man stellt sich darunter meistens null-und-nichts vor. Oder man hält es für etwas Mystisches und Geheimnisvolles. Im Zen gibt es jedoch nichts Geheimnisvolles und nichts Mystisches.

Schon der Buddha warnte vor den falschen Ansichten über Leerheit, und auch ich warne euch davor. Es ist sehr wichtig, dass ihr Leerheit auf Grund eurer eigenen

Meditationserfahrung richtig versteht und auch zukünftige Zuhörer darüber korrekt unterrichtet.

Diejenigen, die eine falsche Ansicht über Leerheit haben, denken, dass überhaupt nichts existiert. Da sie mich oder andere buddhistische Lehrer oft sagen hören, in der Wirklichkeit gebe es weder dieses noch jenes – weder Leben noch Tod, weder Existenz noch Nicht-Existenz – benutzen sie diese Worte, um ihre eigene Meinung zu bestätigen. Sie folgen lediglich den Worten, ohne ihren Wahrheitsgehalt zu überprüfen. Sie interpretieren «leer» entsprechend ihrer Idee von «nichts» als Gegensatz zu «etwas». Daraus ziehen sie den falschen Schluss, dass alles, was sie um sich herum sehen, eine Art Luftspiegelung sei, völlig dem Zufall überlassen, ohne Ursache und Wirkung. Sie behaupten, dass es im ganzen Universum überhaupt nichts gebe, ja, dass selbst das Universum nur Einbildung sei. Diese Ansicht ist schädlich, da sie die Leere materialistisch interpretiert. Sie entzieht dem Menschen jeglichen Halt und jeglichen Boden und beraubt ihn seines kostbarsten Gutes: der Verbindung mit seinem Urgrund. Die Menschen, die in der materiellen Idee von Leerheit leben, sind wie berauscht, sie meinen, sie könnten tun und lassen, was ihnen beliebt, sie bräuchten sich um keine Gesetze und Moral zu kümmern. Sie leugnen die Quelle ihres eigenen Bewusstseins und vergiften dadurch ihren Geist.

Man findet dieses Unverständnis auch bei vielen Mönchen, manche kommen ihr ganzes Leben lang nicht davon ab. Sie stecken in einer negativen, passiven Leerheit. Man sieht es ihnen an. Sie pressen dauernd die Lippen zusammen oder lächeln ununterbrochen. Das sind die beiden Extreme derselben Sache. Es ist lächerlich.

Ich kenne einen Zen-Schüler, dem ich vor etwa dreissig Jahren zum ersten Mal begegnet bin. Sein «Guten Tag» klang damals fade und schwach. Dreissig Jahre später begrüsste er mich laut und deutlich: «Guten Tag, wie geht es?» Ich fragte ihn: «Hast du den leeren Geist gefunden?» «Nein», antwortete er, «es gibt nichts derartiges.» Wir sahen uns in die Augen und lächelten.

Buddhas Leerheit ist geistige Leerheit. Sein ganzes Universum ist leerer Geist – es gibt keinen Ort ausserhalb dieses Geistes. Sämtliche Dinge sind Manifestationen dieses einen, leeren Geistes. Natürlich gibt es Bewusstseinswelten ausserhalb des menschlichen Bewusstseins, aber es gibt keine Welt ausserhalb des grossen Geistes. Wenn ihr an diesen grossen und wahren Geist glaubt, werdet ihr nie in die materialistische Ansicht über Leerheit fallen. Ich hoffe, dass ihr diese Lektion im Gedächtnis behaltet, und dann, wenn jemand behauptet, Buddhismus sei nihilistisch, erklären könnt, dass diese Ansicht falsch ist.

Ihr müsst wissen, dass der reine, leere Geist nicht der menschliche Geist ist, sondern der wunderbare Geist, der niemandem gehört.

Wenn das Auge die rote Farbe sieht, wird es nicht rot. Wenn das Ohr ein lautes Geräusch hört, wird es nicht laut, noch verderben üble Gerüche die Nase. Ebenso wenig können Gedanken und Gefühle die Urnatur färben; sie bleibt rein und klar.

Seht dieses Glas mit Wasser. Es ist nicht leer und doch ist es so klar und durchsichtig wie der leere Himmel. Es sieht leer aus, aber es ist voll. Der leere Geist ist die Mutter, die alles hervorbringt.

Der Himmel ist leer, aber in seiner dynamischen Stille grollt der Donner. Diese Dynamik ist der wahre lebendige Zustand des Geistes.

Die geheimnisvolle Kraft der grossen Leere gleicht einem riesigen Ozean, der die materielle Welt in einem Schluck zum Verschwinden bringt.

Wenn der Geist leer ist, kann er sich ganz natürlich frei bewegen. Es ist wie bei einem Kind – ein Kind hat kein Selbstbewusstsein, es spielt kein Theater.

Man mag sich mit anderen unterhalten und lachen, aber der Grund des Geistes ist immer leer und still und dehnt sich weit ins leere Universum aus.

Bindet euch nicht an irgendeine Idee von Leerheit. Wenn ihr eure Augen schliesst, die Bewegung eures Geistes anhaltet und die Bauchmuskeln zusammenpresst in der Meinung, dies sei Leerheit, folgt ihr bloss eurer Vorstellung. Es gibt keine derartige Leerheit.

Solange man sich eine Vorstellung von Leerheit macht, ist der Geist nicht leer.

Der leere Geist ist wie ein Kind, das eben geboren wurde. Alles ist im Neugeborenen enthalten und sein Geist gleicht dem allumfassenden Himmel.

Die Menschen der alten Zeit hatten bloss ihre zwei Augen und stellten damit fest, dass der Himmel leer ist. Sie meditierten und erkannten die Leere des Geistes. Die heutigen Menschen haben zahlreiche elektronische Apparate und kommen auf Grund komplizierter Rechenverfahren zum selben Schluss – es gibt also keine wesentlichen menschlichen Fortschritte.

12

Die Religion der Stille

Menschen, die sich dem Zen von aussen nähern – durch das Lesen von Schriften oder durch das Hören von Vorträgen – sagen, Zen sei Philosophie oder Psychologie oder Religion. Doch das gelebte Zen ist kein Gedankensystem und keine Lehre. Will man darüber sprechen, kann man es aus dem psychologischen, philosophischen oder religiösen Standpunkt aus tun. Dann ist Zen auch eine Religion, vorausgesetzt, man definiert Religion wörtlich als «Rückbindung (Lat: religio)» und nicht als ein von Menschen begründetes Glaubenssystem.

Die Menschen der heutigen Zivilisationen haben vergessen, was Religion ist. Sie legen viel Wert auf den Geschmack von Speisen, auf Luxus, auf Schönheit und das ganze Drama ihres persönlichen Lebens. Sie betreiben Wissenschaften und Philosophie und streiten sich darüber mit Worten, die seit Generationen benutzt werden. Aber sie haben eine gewisse Liebe vergessen – die Liebe, die unsere menschliche Natur mit der Grossen Natur vereinigt. Diese Liebe hat nichts mit der menschlichen Liebe zu tun, sie existiert aus sich selbst heraus. Es ist nicht die Liebe, die wir Menschen für etwas haben, das uns gefällt, oder für jemanden, der unsere Wünsche erfüllt. Es ist die Liebe, die vollkommen leer ist von jeglichem Motiv und jeglicher Bedingung. Mitten in der Natur stehend, kann man diese Liebe der Grossen Natur fühlen. Angesichts dieser Liebe ist Kunst steril, Worte sind trocken. Zen-Schüler sollten diese Liebe erfahren. Sie ist die Basis unserer Meditation und unserer Religion.

Zen ist keine Religion, die Emotionen weckt und auf die Tränendrüsen drückt oder das Herz aufwühlt. Seine einzigartige Qualität ist die Stille. Und zwar die Stille, in der alles Denken, jegliches Wollen und Suchen zur Ruhe gekommen ist. Um Zen zu verstehen, muss man diese Qualität verstehen. Wenn sich in dieser Stille das individuelle Bewusstsein und der leere Geist vereinen und quasi deckungsgleich sind, ist dieser Moment der Einheit gelebte Religion. Im Buddhismus nennt man den Zustand der erlebten Einheit von Selbst und Universum Nirvana. Man kann diesen Zustand nicht beschreiben, da es dort kein Ich gibt, das etwas erfährt. Doch er prägt sich dem Herzen ein mit einem Siegel, das nie wieder ausgelöscht werden kann. Der Schlüssel dazu ist die vollkommene Stille, die durch keinen Gedanken und keine Emotion gestört wird. Ihr Wesen ist die reine Liebe, die durch kein Subjekt, das liebt und kein Objekt, das geliebt werden will, zerteilt ist. Zen ist die Religion, die diese Stille zu ihrem Zentrum macht.

Man findet den Moment der Einheit nicht durch Logik oder philosophisches Disputieren. Das Verstehen, das man erlangt, indem man sich in Bücher vergräbt und, am Bleistift kauend, den Kopf zerbricht, ist nicht das Verstehen der Religion. Unsere Religion kann nur durch Meditation realisiert werden.

Ihr habt vielleicht die Geschichte gehört vom Mönch, der den Garten eines verlassenen Tempelschreins pflegte. Als er eines Tages mit Fegen beschäftigt und völlig in dieses Tun versunken war, flog ein Kieselstein gegen einen Bambusstamm und machte ein scharfes Geräusch. In diesem Augenblick fielen sämtliche Schleier von seinem Gemüt ab, die bis anhin seine Sicht getrübt und eine Trennung zwischen seiner Existenz und dem Universum vorgegaukelt hatten. Zeit und Raum fielen in sich zusammen und der

Mönch erlebte sein nacktes Dasein inmitten des endlosen Lebens.

Denkt ihr nun vielleicht, ihr könntet auch Erleuchtung erlangen, wenn ihr beim Fegen eures Küchenbodens mit dem Besenstiel gegen einen Stuhl schlagt? Ihr dürft nicht vergessen, wie unendlich still das ruhige Tal war, in dem der Mönch Tag und Nacht ganz allein meditierte. Als diese enorme Stille durch den scharfen Knall des Steins zerrissen wurde – unerwartet und ganz plötzlich – gab es in seinem Geist nichts anderes, als dieses Geräusch. Er und der Knall waren dasselbe. So konnte er mit einem Mal zum wahren Sachverhalt seines Daseins erwachen. Er zog sein bestes Mönchsgewand an und verbeugte sich drei Mal in die Richtung des Tempels, in dem sein Zen-Lehrer lebte, in grosser Dankbarkeit dafür, dass ihm dieser den Weg gewiesen, ihn aber allein hatte gehen lassen. Zen ist eine tiefgründige Religion, aber ohne die Erfahrung der bodenlosen Selbstvergessenheit wird es bloss zu einer irreführenden Philosophie.

Einer meiner japanischen Freunde bemerkte einmal zu mir: «Du wohnst hier direkt unter einem Bahngleise mitten in der Stadt, und doch ist es bei dir sehr still. Ich wohne in einem ruhigen Quartier ohne Verkehr, aber bei mir ist es sehr laut. Wie erklärst du das?» Ich sagte: «Mein Geist ist still». Und als wir so eine Weile beieinander sassen, gab es etwas, das auch seine Gedanken beruhigte, und es wurde still – so still wie in einem japanischen Tempel.

Die Praxis der Zen-Religion ist einfach das ruhige Sitzen, bei dem man sich mit dem grossen, wissenden Geist des Universums verbindet. Es ist der unerschütterliche Geist, der Geist des grossen Ochsen, der grossen

Kuh, des grossen Elefanten, nicht der Geist eines kläffenden Hundes oder eines plappernden Menschen.

Im Zen erachten wir die Stille des gedankenleeren Geistes als die Quelle sämtlicher Lebensaktivitäten und als die einzige Wirklichkeit. Diese wortlose Verbundenheit mit der Quelle ist unsere Religion.

In einem buddhistischen Gedicht heisst es: «Gehst du zum Meer, hörst du das Rauschen der Wellen, gehst du zum Berg, hörst du das Rauschen des Windes, gehst du zu deiner Urnatur, herrscht Stille.» In dieser Stille ist man des wahren Wesens seiner selbst gewahr. Das ist das erste Tor zur Wirklichkeit.

Wenn man in die Meditationshalle eines Zen-Tempels eintritt, wo alle Mitbrüder und Mitschwestern sitzen, wird man von der Stille aufgenommen und vergisst sich selbst.

Wenn es zur Religion kommt, muss man das Verlangen nach materieller oder spiritueller Macht aufgeben. Aber nicht nur das, auch alle anderen Wünsche kommen dort zu einem Ende.

Viele Schüler setzen Stille mit bewegungsloser Starrheit des physischen Körpers gleich. Es ist aber nicht der Mensch, der unbeweglich ist, es ist sein Geist, der sich nicht bewegt.

Wer wahre Unbeweglichkeit des Geistes erreicht, weiss, unmittelbar, dass es Unbeweglichkeit in der endlosen Bewegung des Lebens ist.

Es ist ein Unterschied, ob man die Bewegung der Gedanken willentlich anhält, oder ob man im sich-nicht-bewegenden Geist ruht.

Was auch kommen mag und euch zuflüstert – glaubt es einfach nicht! Sagt «Guten Tag», und lasst es ziehen.

In der Stille des Geistes begegnet man einem Heiligen mit der gleichen Haltung wie einem Verbrecher. Trifft man auf einen Heiligen, strahlt man ihn nicht an, trifft man auf einen Verbrecher, blickt man nicht finster drein. Man bleibt beiden gegenüber sich selbst.

Die Knospen kündigen sich nicht lauthals an. Der Frühling nähert sich in Stille. Wenn man Erleuchtung erlangt, ist der Geist still, er sagt nicht: «Hier bin ich, ein erleuchteter Geist!» Man kann kein Wort sagen. Niemand weiss es, ausser man selbst.

13

Nicht-Denken

Seinem Wesen nach ist unser Geist ganz ohne Gedanken, und wenn Gedanken vorhanden sind, ist er völlig frei davon. In einem herbstlichen Teich, der voller roter Ahornblätter ist, sieht das Wasser rot aus. Wenn man etwas Wasser aus dem Teich schöpft, stellt man jedoch fest, dass es farblos ist. Die Farben der Blätter können das Wasser nicht färben; es bleibt makellos. Ebenso können Gedanken den fundamentalen Geist nicht trüben.

«Nicht-Denken» ist das Hauptprinzip der Zen-Schule.[15] In den chinesischen Texten stehen dafür die Schriftzeichen «wu» und «hsin» (jap. Mushin). «Wu» bedeutet «nicht» und «hsin» bedeutet sowohl «Geist» als auch «Herz». Hier ist damit das rationale und emotionale Denken gemeint. Viele Menschen fragen mich: «Was nützt es, ohne Gedanken, mit leerem Geist zu sitzen? Kehrt man dabei nicht einfach in den primitiven Zustand der Ignoranz zurück?» Wer so fragt, hat das Gefühl, im Zen werde alles Denken und Wissen verworfen. Die Frage ist berechtigt, doch ich kann sie nicht erklären, solange der Fragende nicht ein gewisses Verständnis vom Wirken seines eigenen Geistes gewonnen hat. Natürlich lehnt Zen weder Denken noch Wissen ab, aber wenn jemand nicht selber Meditation praktiziert, wird er kaum verstehen, was Nicht-Denken bedeutet.

Diejenigen, die nur das übliche Denken in Gegensätzen kennen, stellen sich unter dem nicht-denkenden Geist etwas Negatives vor, wie etwa ein Blatt Papier, auf dem nichts geschrieben steht. Sie meinen, wenn der Geist nicht aktiv sei, werde er empfindungslos wie ein toter Stein. Wer Meditationserfahrung hat, teilt diese Ansicht nicht, denn der in sich ruhende Geist ist voller dynamischer Kraft. Wenn ihr dies bezweifelt: Prüft es nach! Probiert es aus! Ruht im formlosen Geist.

Im formlosen Geist zu ruhen bedeutet, völlig gegenwärtig zu sein, ohne an Gedanken zu haften oder eine starre Geisteshaltung anzunehmen. Man kann niemals sagen: «Dies ist der ursprüngliche, formlose Geist», denn der ursprüngliche Geist ist nichts anderes als der gegenwärtige Augenblick. Er hält sich an keinem Ort auf, er ist ohne Inhalt und ohne Gestalt, immer in Wandlung begriffen. Man kann nicht mit dem Finger auf ihn zeigen, wie auf ein Objekt. Die Wahrnehmungen kommen und gehen, wie die Bilder in einem Spiegel. Wenn ihr diese Bilder ziehen lasst ohne sie zu kategorisieren oder sonstwie festzuhalten, seid ihr im Einklang mit dem formlosen Geist.

Die Gedanken sind sozusagen die Inhalte im Geistesfluss. Sie bilden sich aus Eindrücken von aussen, die wie Schwemmmaterial über die Sinne in den Geistesfluss gelangen. Es sind Gestaltungen des Geistes im Geist, aber sie sind nicht der reine Geist. Der ungeschulte Geist von uns Menschen wird von morgens bis abends von Gedanken besetzt, von Gedanken über Liebe, Ansehen, Geld, Ferien oder Philosophie. Man jagt seinen Gedanken nach und die Gedanken jagen einem nach. Man geht z.B. durch einen Park nach Hause, ist aber so in die Gedanken versunken, dass man nicht einmal bemerkt, dass es Vollmond ist. Man sieht den schönen Mond gar nicht. Wir haben die schlechte Gewohnheit, in diesem besetzten Geisteszustand zu leben, statt uns davon zu befreien oder zu entlasten.

Unterhaltet ihr euch mit dem Polizisten und Eisverkäufer, mit der Katze oder dem Hund, die ihr vor eurem Fenster vorbeigehen seht? Nein. Aber ihr tut dies, wenn ihr euren Gedanken und Gefühlen begegnet, die im Laufe eines Tages in unzähligen Variationen durch euer Bewusstsein ziehen. Sogar wenn ihr allein seid, redet ihr mit euch selbst.

Wir haben uns daran gewöhnt, die bereits geformten Gedanken als die Basis unseres Denkens zu benutzen. Was wir «denken» nennen, ist nichts anderes, als sich Gedanken über Gedanken zu machen. Wir denken mit dem rationalen Verstand, statt die Intelligenz des formlosen Geistes zum Zuge kommen zu lassen. Natürlich sind dann die Schlussfolgerungen falsch. Wir wissen nicht, dass das wahre Denken eine Fähigkeit unserer angeborenen Weisheit ist – denn unsere Weisheit allein ist in der Lage, intelligente Verbindungen zu den faktischen Gegebenheiten des Augenblickes herzustellen und richtige Schlüsse zu ziehen.

Rationaler Verstand ist nun mal bloss rationaler Verstand – aus lauter logischen Gedankenketten zusammengesetzt – und nicht die Wirklichkeit.

Die Zen-Schulung beginnt damit, den Gedankenfluss unter Kontrolle zu bringen, indem man in ihn hineinschaut. Als Erstes übt man sich darin, die Gedanken «an eine kurze Leine» zu nehmen und sich nicht von ihnen stören zu lassen. Dabei darf man sich keine Vorstellung von Gedankenleere machen und sie nicht mit Absicht suchen. Viele Leute meinen, sie seien in der Leerheit, wenn sie bloss das Wort Leerheit denken. Andere denken, wenn sie die Augen schliessen und in die Dunkelheit schauen, hätten sie den Zustand von Nicht-Denken «erreicht». Doch dann stellt sich heraus, dass sie sich mitten in ihren eigenen Gedanken befinden und ganz und gar nicht in der Gedankenleere. Um die wahre Freiheit vom Denken zu verwirklichen, muss man lange üben und sich mit den entsprechenden Lehren beschäftigen. Sonst macht man leicht Fehler. Wer nicht unter der Aufsicht eines wahrhaft echten Lehrers übt, läuft Gefahr, in die Pseudo-Leerheit zu fallen.

Unverständige buddhistische Mönche interpretieren Nicht-Denken oft so, dass sie sich davor hüten, ihren Mitmenschen – besonders den Frauen – ins Gesicht zu schauen oder diesen und jenen Klang zu beachten. Doch Nicht-Denken bedeutet nicht, die Sinneseindrücke abzuweisen. Im Gegenteil, es bedeutet, alles gleichzeitig zu hören und alles gleichzeitig zu sehen, aber ohne die Aufmerksamkeit zuerst auf das eine und dann auf das andere zu richten. In unserer gewöhnlichen Geistesverfassung können wir dies nicht bewerkstelligen. Unsere Aufmerksamkeit wird immer von einem Objekt auf das andere gelenkt. Auch wenn sehr viele unterschiedliche Reize ins Bewusstsein drängen, so verweilt die Aufmerksamkeit doch immer eine minimale Zeitdauer nur bei einem davon und schliesst alle anderen aus. Nur das reine Gewahrsein der Meditation springt nicht von ei- nem Objekt auf das andere, da es alles in sich vereint. Die Voraussetzung dafür ist die vollkommene Abwesenheit jeglichen Begehrens in Bezug auf dieses Leben. Es darf kein Haften an einer bestimmten Sache, keine Bevorzugung irgendeines Objektes geben. Für Menschen, die kein buddhistisches Geistestraining kennen, dürfte dies schwer zu verstehen sein.

In der Zen-Meditation sieht man die Gedanken und Bilder kommen und gehen, aber man schenkt ihnen keine Aufmerksamkeit. Man weist das, was aus der Tiefe des Bewusstseins aufsteigt, nicht ab, aber man geht ihm auch nicht nach. Und im täglichen Leben benutzt man einen Gedanken, wenn man ihn braucht, und lässt ihn gehen, wenn man ihn nicht mehr braucht. Genau so, wie man ein Pferd benutzt, wenn man es benötigt, und im Stall oder auf der Weide lässt, wenn es nicht benötigt wird. Wir alle benötigen Worte und Gedächtnisinhalte während des Tages dann und wann. Aber wo wollt ihr sie aufbewahren, wenn ihr sie nicht braucht?

Manche mögen fragen: Wenn es also bloss darum geht, den ursprünglichen Geist gewähren zu lassen, warum müssen wir dann so lange üben und studieren? Warum braucht es dann überhaupt Meditation? Auch ich stellte mir diese Frage oft, als ich Meditation übte, viele Stunden kämpfend, manchmal in Angst und Schmerz. Dann, eines Tages entschied ich: «Jetzt ist es mir egal, wozu Meditation gut ist und ob ich wieder daraus zurückkehre. Ich bleibe einfach sitzen und meditiere.» Als ich zurückkam, fand ich mich natürlich genau am selbem Ort wieder – in dieser Welt, in der wir jetzt leben. Aber ich bin zufrieden, ich brauche nichts anderes mehr!

Ganz da zu leben, wo man gerade ist, ist Weisheit. Ganz im Augenblick gegenwärtig zu sein, ist das Wesen unserer Natur. Ohne störende Gedanken, die einen hier- und dorthin ziehen. Dieses gegenwärtige Da-Sein ist die Schlussfolgerung des Buddhismus. Das ist Zen! Durch viele Übungen – hin und her, vor- und rückwärts, durch alle Skalen und Schichten des Bewusstseins –, gelangen wir zu dieser Weisheit. Das ist die Frucht unserer Bemühung.

Mit diesem Gewahrsein ausgestattet, sind wir nicht der Unbewusstheit ausgeliefert. Wir sind nicht blind der Gewalt der Natur unterworfen; wir erkennen die Natur in uns und lassen sie gewähren. Ihre Weisheit ist die treibende Kraft des natürlichen Lebens. Es gibt keine andere Weisheit im menschlichen Leben. Wir finden und realisieren sie durch Meditation, das Ruhen im formlosen, nicht-denkenden Geist.

✳

Befreit euch in der Meditation von allen Worten und abstrakten Begriffen und findet das reine Gewahrsein. Betrachtet damit euer eigenes Bewusstsein, bis sich alle Begriffe und Vorstellungen auflösen.

Jeder Mensch ist in sein eigenes Denken verstrickt und mitten im weiten Universum in sich selbst gefangen. Lasst eure Vorstellungen fallen, erlangt die Freiheit eures Geistes zurück!

Wahrnehmungen und Gedanken gehören zum Geist, wie die Wellen zum Wasser. Daher ist es ganz falsch zu meinen, man müsse die Gedanken ausrotten, um zum wahren Wesen des Geistes zu gelangen.

Nicht-Denken bedeutet: Obwohl man Gedanken hat, ist man an keinen bestimmten Gedanken gebunden.

Wenn ich versuche, mit jemandem zu sprechen, dessen Geist vollgestopft ist mit Wörtern, Ansichten und Meinungen, kann ich sehen, wie alle meine Worte verdreht werden und ihre Bedeutung verlieren.

Der Zen-Buddhist denkt nicht, wenn er nicht muss.

Worte sind dafür da, in einer Unterhaltung oder in intellektuellen Überlegungen benutzt zu werden. Sie sollten aber, wie das Besteck auf dem Esstisch, nach dem Gebrauch weggeräumt werden.

Gedanken sind Formen, und im Moment, wo sich das Bewusstsein damit verbindet, verkörpert man sich darin. Doch wenn man in Gedanken verkörpert ist, hat man keine Chance, die Freiheit Buddhas zu realisieren.

Diese befindet sich im grossen weiten Raum jenseits der Gedankenwelt.

Wenn ich mein eigenes Leben betrachte, erkenne ich, dass ich in der Jugend meinen rationalen Verstand benutzte, um die Aufgaben des Lebens zu bewältigen. Später benutzte ich mein wortloses Denken und mein Herz, und nun versuche ich, meine Seele zu benutzen, d.h. ich überlasse es meiner Natur, zu denken und zu handeln.

14

Meditation

Es gibt viele Meditationsweisen, in denen man «über» etwas meditiert, sei es über eine abstrakte Idee oder eine visuelle Vorstellung. Zen-Meditation ist anders. Indem wir unsere Aufmerksamkeit von der Aussenwelt ins Innere des Geistes zurückziehen, verbinden wir uns mit dem allen Wesen gemeinsamen, universalen Bewusstsein. Wir beginnen bei unserem verblendeten Geist und entdecken von dort aus seine innewohnende Weisheit.

In ruhiger Meditation kann man alle Aktivitäten des Geistes sehen und beobachten, von der Oberfläche bis zum Grund. Man muss es nur intensiv genug tun – ohne Ungeduld und mit Hingabe – bis der Geist kristallklar wird, und man sich nicht mehr mit den Gedanken, Bildern oder Emotionen identifiziert. Die Geistesaktivität stört einen dann überhaupt nicht mehr. Man kann sie objektivieren, als wäre es die Aktivität eines anderen Menschen. Schliesslich endet sie von selbst. Dann ist das individuelle Sein im grossen Bewusstsein absorbiert.

Einige Menschen bezahlen viel Geld für die Bahn, um zu mir zukommen und mich zu fragen, wie sie das Rückgrat aufrecht halten und den Atem kontrollieren sollen und ob die Augen in der Meditation offen oder geschlossen sein müssen. Die Körperhaltung ist natürlich wichtig, aber die geistige Meditationshaltung ist wichtiger. Danach werde ich aber nicht gefragt, die Leute wollen nur wissen, wie sie durch die Nase atmen sollen, als ob dies ein Mysterium wäre.

Ihr braucht euch nicht absichtlich in einen Meditationszustand zu versetzen, er stellt sich von selber ein, sobald ihr über etwas mit vollkommener Hingabe nachdenkt. Denkt aber nicht mit dem Gehirn![16] Benutzt den ganzen Körper zum Denken! Denkt vollkommen neutral. Den besten Ausdruck dieser Meditationshaltung findet man in den Buddha-Figuren: Ruhig sitzend, in tiefer Stille, denkt er nach. Dieses Denken ist nicht das übliche Verfolgen von Gedanken. Die konkrete Meditation geht über alle gedanklichen Beschäftigungen hinaus, in ihr verschmelzen Objekt und Subjekt, Innen und Aussen vollkommen. Sitzt auf der Stille! Das, was kein Aussen und Innen hat, ist die Wirklichkeit. Wenn ihr über das Was und Warum nachdenkt, werdet ihr in hundert Jahren keine Gedankenstille erfahren.

Man soll entspannt meditieren. Nehmt eine natürliche Haltung ein, ohne Anstrengung von Körper oder Geist! Erlaubt eurem Geist zuerst, sich frei mit dem Gedankenfluss und den auftauchenden Traumbildern zu bewegen. Richtet die Aufmerksamkeit dann allmählich mehr und mehr auf das Zentrum hin, bis sie sich dort fest verankert. Das Zentrum dehnt sich endlos in alle Himmelsrichtungen aus und durchdringt das ganze Universum. Versucht nicht, die Gedanken zu verscheuchen oder die Geistesaktivität anzuhalten – lasst einfach alles ziehen. Der Geist kommt nicht durch Gewalt zur Ruhe, noch dadurch, dass man seine Aktivitäten fürchtet oder flieht. Ruhe stellt sich ein, wenn man alle Aktivitäten genau beobachtet und durchschaut, ohne sich darin zu verlieren. Der wache Geist verblasst dabei nicht, aber die Geistesinhalte verblassen. Wenn ihr euch daran gewöhnt habt, eure Gedanken weder zu hassen noch zu lieben, werdet ihr überhaupt nichts mehr denken während der Meditation. Dann leuchtet nur der reine Geist, und der Körper besteht bloss aus Knochen und Muskeln.

Es gibt Leute, die behaupten, man könne sein wahres Wesen auch ohne Meditation finden. Diese Ansicht ist nicht gefährlich, aber sie ist falsch; ohne Meditation kann man es nicht finden. Ihr müsst aber wissen, dass Meditation als Methode trotz allem ein Hilfsmittel ist und damit etwas Künstliches. Sie ist nicht das Ende. Unsere sogenannte Gedankenleere ist das Resultat unserer meditativen Versenkung, während die offene Weite unseres Wesens weder Gedanken enthält noch gedankenlos ist. Meditation ist nicht identisch mit Weisheit und Liebe, aber der direkte Weg dazu. Der Buddha warnte seine Anhänger oft vor der Falle, Meditation zum Selbstzweck zu machen und mit der Buddhaschaft zu verwechseln.

Als ich jung war, pflegte ich am Morgen eines Prüfungstages zu meditieren, denn ich hatte herausgefunden, dass mein Gehirn nach der Meditation besser arbeitete. Und wenn dann im Prüfungstext ein sehr schwieriges Problem auftrat und ich in Schwierigkeiten geriet, besann ich mich auf die Stille, um das Klopfen meines Herzens zu besänftigen. Es ist schwierig zu meditieren, wenn man in Schwierigkeiten steckt. In der Regel hat man gar nicht den Mut dazu, sondern rennt blindlings umher. Doch es ist besser zu meditieren, bevor das Gemüt aufgebracht ist. Meditation ist die beste Übung zur Erstarkung der Persönlichkeit.

Doch ihr seid mit allem Möglichen beschäftigt – eurem Haus, euren Versicherungsangelegenheiten, euren Autos, euren Beerdigungsvorbereitungen, euren Ferien – und denkt, ihr hättet keine Zeit, eure ursprüngliche Weisheit zu suchen. Aber dazu braucht es keine Zeit. Setzt euch einfach hin und gebt alle diese weltlichen Angelegenheiten für eine Weile auf. Kehrt zu eurem Bewusstsein zurück. Atmet tief und rhythmisch, haltet den Körper im Gleichgewicht und lasst ab von allen unnötigen Gedanken! Wenn sich stilles Gewahrsein einstellt, erfährt der Geist seine natürliche

Klarheit. Von dort wendet er sich dann wieder den Dingen des Lebens zu. Es ist wie bei einem Taucher: Wenn er den Boden erreicht hat, dreht er sich um und schiesst zur Oberfläche zurück. Erfrischt durch die Meditation könnt ihr euer Tagwerk mit Weisheit vollbringen.

Regelmässig zu meditieren ist eine verbindliche Entscheidung. Manchmal ist es der erste Schritt zum Sterben. Man gibt alles auf und vergisst sich selbst. Für uns ist es eine Art Rückkehren in den Schoss Gottes. Ich denke, die Entscheidung, sich aller Sorgen restlos zu entledigen, ist sehr wichtig für das Leben. Vor ungefähr sechs Jahren gab es auf meinem Bankkonto nur noch genügend Geld für eine Monatsmiete meines Tempels.[17] Meine Existenz hing an einem Faden, und ich dachte, in einem Monat müsste ich alles aufgeben und von hier wegziehen. Aber ich sprach mit niemandem darüber. Wenn man in Verlegenheit ist und darüber redet, verursacht man leicht Störungen und verhindert dadurch die natürliche Entwicklung.

Meditation ist das A und Ω der Zen-Schule. Das kristallisierte Zentrum dieser Schule findet sich nicht im Reden, sondern im Schweigen. Meditation ist unsere Religion. Die Zeit der Meditation ist die heiligste für uns. Es erfüllt mich mit Freude, dass es gelungen ist, diesen Tempel nun trotz aller Probleme als Ort der Stille zu bewahren.[18]

Wenn man den eigenen ungeübten Geist auch nur fünf Minuten lang betrachtet, entdeckt man eine höllische Prozession darin! Doch durch regelmässiges Meditieren wird man körperlich ruhig und geistig stark, weil man die Geisteskraft nicht mehr an Vorstellungen und Ideen verschwendet.

Ich bin ziemlich sicher, dass viele Menschen – reife Menschen von fünfundvierzig Jahren und mehr – noch nie in ihren eigenen Geist hineingeschaut haben und keine Ahnung haben, was dort vor sich geht.

Man lebt die meiste Zeit nicht im Kontakt mit dem eigenen Geist; man lebt gewissermassen neben sich her, ausserhalb des ruhigen Gewahrseins. Doch sobald man sich von den gedanklichen Aktivitäten löst und meditiert, zeigt sich der Geist wieder in seinem ursprünglichen Zustand.

Wenn euch bei der Meditation der Gedanke kommt, nun sei euer Geist still, handelt es sich um Scheinmeditation. Jemand, der wirklich meditiert, denkt an nichts. Sein Geist gleicht dem stillen Mond am leeren Himmel. Wolken, Sterne, Wind, Frühling, Sommer, Herbst und Winter kommen und gehen, aber der stille Mond am Himmel bewegt sich nicht. Nur die vom Wind getriebenen Wolken bewegen sich.

Das Festhalten an Gedankenbildern ist der erste Schritt zur Katastrophe.

Ein Mensch mag während der Meditation das Gefühl haben, er steige höher und höher, doch gäbe ihm jemand in diesem Augenblick einen Schlag, würde er sofort auf die Erde herunter fallen. Er steigt nicht wirklich zum Himmel auf, er stellt sich dies bloss vor.

Wenn ihr euch hinsetzt, macht einen Sitzstreik gegen alle Vorstellungen und die ganze Aussenwelt und betrachtet euer eigenes Bewusstsein! Dann lösen sich alle falschen Ansichten auf. Vertraut mir und versucht es!

Viele schliessen beim Meditieren die Augen, um nichts zu sehen, und halten dafür an ihren Traumbildern fest. Dann wird das Bewusstsein sehr dunkel und schläfrig.

Wenn man die Augen in der Meditation schliesst, hält man die daraus resultierende Dunkelheit vielleicht für einen tiefen Bewusstseinszustand. Doch die echte Erfahrung lehrt uns, dass dies nicht die Dunkelheit des tiefen Bewusstseins ist, sondern bloss die Dunkelheit hinter den geschlossenen Augen.

Ob ihr die Augen offen oder geschlossen hält, ist einerlei. Aber beschäftigt euch nicht mit euren Gedanken und Bildern. Ein Gedanke kommt, lasst ihn gehen; ein anderer kommt, lasst ihn ziehen.

Es ist nicht nötig, stundenlang zu praktizieren. Setzt euch morgens, bevor ihr irgendetwas tut, hin und schweigt. Dann wird euer Herz in seinem natürlichen Rhythmus schlagen. Nach dem Mittagessen meditiert fünf Minuten lang in Stille, und abends, wenn ihr nach Hause kommt, zieht die Arbeitskleidung aus und setzt euch einen Moment lang hin und tut nichts. Solche Momente sind wie kühle Wassertropfen für einen durstigen Vogel.

Zieht euch einfach mit eurem ganzen Bewusstsein in das innere Gewahrsein zurück; tief, tiefer und noch tiefer. Das Wort «tief» hat aber keine Bedeutung, man könnte auch «breit» sagen. Doch zieht euch immer weiter zurück.

Die buddhistische Meditation beginnt bei der Betrachtung der fünf Sinne. Dann betrachtet man sein eigenes Bewusstsein. Man beobachtet alle seine Aktivitäten. Schliesslich betrachtet man das fundamentale, nicht persönliche Bewusstsein, welches reines Gewahrsein ist. Auf diese Weise wischt man den Nebel vom eigenen Bewusstseinsspiegel ab und findet, dass Buddha oder Gott, oder wie man ES auch nennen mag, schon immer da war und immer da sein wird. Man weiss es intuitiv.

Eines Tages besuchte Ananda[19] eine Königin, die in einem Verliess gefangen war, und erklärte ihr, wie sie aus dem Verliess ein Reines Land machen könne. Er lehrte sie, ihre diversen Gemütslagen genau zu beobachten und zu studieren, bis sich der Boden des reinen Geistes zeige. Darauf meditierte die Königin im Verliess und machte aus diesem ein Reines Land. Auch wir können aus jedem Ort ein Reines Land machen. Im christlichen Sprachraum ist es «das Himmelreich auf Erden». Es ist überall da, wo jemand in die Allgegenwart von Liebe und Weisheit eintritt und von dort aus seine täglichen Verrichtungen vollzieht. Das ist eine sehr einfache Lehre.

15

Nirvana

Heutzutage kennen alle das Wort Nirvana. Aber niemand kann dir sagen, was Nirvana ist. Wenn du den Schlüssel in dir selbst findest und aus dir heraustrittst, wirst du es wissen.

Für die meisten denkenden Menschen besteht ein Widerspruch zwischen der sogenannten scheinbaren Wirklichkeit und der sogenannten wirklichen Wirklichkeit. Doch der Buddha hob diesen Widerspruch auf, indem er den geistigen Zustand fand, in dem beide Aspekte vereinigt sind. Die scheinbare, relative Wirklichkeit ergibt sich durch die Sinneswahrnehmungen, welche die Welt nicht so zeigen, wie sie ist. Die absolute Wirklichkeit enthüllt sich in der Meditation, wenn alle Gedanken und Regungen erloschen sind und reines Gewahrsein herrscht. Der Buddha übermittelte deshalb immer zwei Dinge in einem: Erstens die richtige Sicht der gegensätzlichen Erscheinungswelt, zweitens den gegensatzfreien Geisteszustand des vollkommenen Friedens. Die richtige Sicht «sieht» die Vergänglichkeit und Leerheit aller materiellen und geistigen Dinge. Im reinen Gewahrsein sind alle Gegensätze aufgelöst, und man weiss, dass alle menschlichen Unterscheidungen – relativ-absolut, vergänglich-ewig, Leben-Tod, – unwirklich sind. In der Sprache des Buddhismus nennt man den veränderlichen, relativen Zustand unserer Existenz Samsāra und den absoluten, einheitlichen Aspekt Nirvana. Buddhas vollkommene Befreiung basiert auf seiner Erfahrung der fundamentalen Einheit aller Gegensätze. Diese gipfelt in der philosophischen Gleichung: Nirvana ist Samsāra, Samsāra ist Nirvana.

Samsāra, die sich dauernd verändernde Welt, wird im sich ewig drehenden Rad des Lebens versinnbildlicht. Gemäss Buddhas Lehre glaubt der Mensch aus Unwissenheit (Avidyā) an seine Sinneswahrnehmungen und klammert sich daran. Er teilt sie auf in gut und schlecht bzw. gute und schlechte Erfahrungen. Dadurch gewöhnt er sich daran, nur immer die Dinge wahrzunehmen, die er schon kennt. Diese scheinbare Kontinuität der Erfahrungen bildet seine persönlichen Identität – das bin ich! Indem er seine bedingte Sichtweise für wirklich hält und sich damit identifiziert – ich bin klug, dumm, Mann, Frau – verschliesst er sich jeder anderen Sichtweise und wird ein Gefangener seiner selbst. Gelingt es ihm jedoch, seine gewohnheitsmässige Sicht aufzugeben und in richtiger Sicht zu leben, dann löst sich sein starres Ich mitsamt seinen Bewusstseinsinhalten auf.

Nirvana bedeutet wörtlich «Verlöschen». So wie eine Kerze verlöscht, wenn man sie ausbläst oder wenn sie heruntergebrannt ist, so verlöschen im Nirvana alle Unterscheidungen, widersprüchlichen Ansichten und das Leiden daran. Deshalb betonte der Buddha, dass Befreiung aus dem Leiden nur durch Nirvana erreicht wird und Nirvana nur durch richtige Sicht. Diese wiederum ist eine Frucht von Prajñā. Die intuitive Weisheit ist der einzige Schlüssel zum Erwachen aus dem Zustand der Unwissenheit.

Wird die gesamte Existenz als ein immerwährender Fluss versinnbildlicht, dann stehen wir Menschen am sogenannten diesseitigen Ufer und leiden an den Konflikten dieser Welt. In unserem Nichtwissen über die wahre Natur aller Existenz verharren wir in den Täuschungen und bleiben an dieses Ufer gebunden. Doch der Buddha zeigte einen Weg

(Pāramitā), mit Hilfe der angeborenen Weisheit (Prajñā) die wahre Natur zu erkennen und damit den Fluss des Leidens zu überqueren und an das andere Ufer zu gelangen. Samsāra steht für das diesseitige Ufer, Nirvana für das jenseitige.

Wenn ihr dies hört, stellt ihr euch wahrscheinlich vor, ihr müsstet aus dieser Welt heraus ans andere Ufer springen. Es gibt nichts dergleichen, gebt euch keinen solchen Vorstellungen hin! Es gibt keine zwei Welten und keine zwei Ufer, man transzendiert die Welt allein durch die innere Einstellung. Das Überqueren ist bloss ein Sinnbild für die radikale Abkehr von der tiefsitzenden Identifikation mit der Gewohnheit des Denkens. So lange man an den äusseren Erscheinungen des Lebens haftet, befindet man sich bildlich gesprochen am diesseitigen Ufer und fürchtet den Tod. Zu den äusseren Erscheinungen gehören nicht bloss die Dinge der Aussenwelt, sondern auch alle Gedanken und Bewusstseinszustände, die man als Mensch erleben und beschreiben kann. Todesangst ist die Angst vor deren Verlust.

Gelehrte übersetzten Nirvana oft als «Zustand der totalen Vernichtung». Dies führt leicht zu Missverständnissen. Denn die meisten Leute verbinden totale Vernichtung mit ihrer Vorstellung vom Tod. Dann meinen sie, Nirvana werde nach dem Tod erreicht oder, um es in diesem Leben zu erreichen, müsse man alle Lebensäusserungen abtöten. Das ist falsches Denken, weil es einseitig ist. Nirvana mit dem Tod gleichzusetzen, würde bedeuten, dass man den Frieden von Nirvana nicht finden könnte, solange man noch in diesem Körper lebt. Diese falsche Ansicht führt unweigerlich zum Leiden. Geburt und Tod, Entstehen und Vergehen, sind zwei Extreme in der menschlichen Sichtweise, wie weiss und schwarz, gut und schlecht, rein und unrein. In dem Augenblick, in dem man erkennt, dass alle

Gegensätze sich gegenseitig bedingen und nur in unserer Ansicht existieren, kann man sich davon befreien. Man soll sich bloss hüten, weder das eine noch das andere Extrem für wirklich zu halten. Dann weiss man zutiefst im Herzen, dass es nicht nötig ist, irgendetwas zu zerstören oder auszurotten, um zum wahren Leben zu gelangen. Der Mond am Himmel, die blühenden Kirschbäume auf der Erde und die jungen Paare, die im Mondlicht unter den Bäumen tanzen, werden im reinen Zustand von Nirvana alle akzeptiert. Nicht das Leben ist im Nirvana ausgelöscht, sondern sämtliche Gedanken darüber.

Für uns unwissende, leidende Menschen ist Nirvana ein Ziel, ein Zustand, nach dem wir streben. In Wahrheit ist es aber unser Zuhause, aus dem wir stammen und zu dem wir zurückkehren. Das reine Gewahrsein ohne Form und Namen ist beides: unser Zuhause und unser Ziel.

Viele Buddhisten machen sich Vorstellungen vom Nirvana und streben ihr ganzes Leben danach, es zu erreichen. Das ist nicht nötig. Wir sind alle andauernd im Nirvana – die meisten wissen es bloss nicht. Mit Hilfe der stillen Meditation gelangt man zu diesem Wissen.

Ob man abseits der Welt lebt oder mittendrin, es ist ein und dieselbe Welt. Es gibt nur eine Existenz, wie viele Namen man ihr auch geben mag.

Sobald man zum Schluss kommt, dass das Leben ohne Makel ist, hat man ewigen Frieden. Und wenn man erkennt, dass alles im Zustand von Nirvana ist, muss man es nicht festhalten und geniessen.

Manche von euch sagen: «Wenn ich sterbe, trete ich ins Nirvana ein.» Seid ihr sicher? Ihr werdet nicht ins Nirvana eintreten, wenn ihr zu Lebzeiten nicht erkannt habt, was es ist.

Betrachtet man die Welt durch grüne, rote und braune Brillengläser, dann sieht man sie grün, rot und braun. Betrachtet man die Welt mit dem reinen Bewusstsein, dann sieht man Nirvana.

Man stellt sich fälschlicherweise vor, man erreiche Nirvana im Laufe der Zeit, doch wir sind in diesem Augenblick bereits darin. Es gibt nichts zu erreichen. Nirvana ist der bodenlose Boden unseres Geistes. Dringt mitsamt euren fünf Sinnen ein und findet ES!

Wenn man sich dem Nirvana verschliesst, fällt man in die Unwissenheit zurück. Die wirklich Angekommenen verneinen Nirvana nicht, aber sie haften auch nicht daran. Sie sehen die Wolken am Himmel, die sieben Farben und unzählige Formen des Lebens, und sie wissen, dass diese ganze Welt eine Folge von Bewusstseinsprozessen ist – ein bewusster Akt.

16

Richtige Sicht

Als menschliche Wesen sehen wir die Welt nicht wirklich so, wie sie ist. Da wir die Dinge von aussen mit den fünf Sinnen betrachten, vermischt sich unsere Sicht mit den Erfahrungen der fünf Sinne. Würde man das Bewusstsein von Farbe, Form, Geruch, Geschmack und Empfindung von den Objekten wegnehmen, nähme man sie so wahr, wie sie aus sich selbst heraus sind. Wie ist das? Als Zen-Lehrer ist es meine Pflicht, euch den praktischen Weg zur richtigen Sicht zu zeigen.

Gewöhnlich beobachtet man die Dinge nicht so, wie sie sich zeigen. Jeder Kunststudent weiss dies. Er skizziert z.B. in der Mittagszeit einen Baum und bringt den Entwurf ins Klassenzimmer zum Lehrer. Dieser sagt: «Wo ist der Schatten?» Der Student erkennt, dass es ohne Schatten kein Licht gibt, und macht eine neue Skizze mit Licht und Schatten. Nun fragt der Lehrer: «Wie spät es ist es denn hier? Dieser Schatten zeigt die Uhrzeit nicht.»

Wir beachten meistens nur den einen oder den anderen Aspekt unserer Welt, weil unsere Sichtweise vom Ich-Standpunkt aus erfolgt und nicht über die Dualität hinausgeht. Wir teilen unsere Existenz gedanklich in zwei sich widersprechenden Ansichten und schaffen Worte, die nur eine Seite wiedergeben: Materie und Geist, Sein und Nichtsein, dunkel und hell, ja und nein, gut und böse, innen und aussen. In unserer Vorstellung muss es immer das eine oder das andere sein. Wir machen die Augen entweder zu oder öffnen sie, und so haben wir nie die vollständige Sicht. Weder die Dunkelheit der geschlossenen Augen noch das Licht der offenen Augen ermöglichen es uns, die Welt in ihrer Vollständigkeit zu sehen. Dementsprechend gibt es in unserer Umgangssprache keine Worte, das beide Seiten vereint zum Ausdruck bringt.

Zusätzlich denken wir in konventionellen Werten: Geist ist gut, Materie ist schlecht. Sonderbar! Fast alle Menschen akzeptieren diese dualistische Denkweise blind. Im Grunde genommen ist es unter allen weitverbreiteten Geisteshaltungen die unbequemste. Es ist, als hätte man zwei Schuhe für einen Fuss. Würde man die Dinge sehen, wie sie sind, dann wären beide Gegensätze vereint. Man wäre sich bewusst, dass alles vom menschlichen Standpunkt aus sowohl eine gute als auch eine schlechte Seite hat, in Wirklichkeit aber weder gut noch schlecht ist. Die Wirklichkeit hat nichts mit unserem Dualismus zu tun.

Es gibt nicht nur eine falsche Sicht, sondern viele falsche Ansichten. Jeder Gedanke, jedes Wort, an dem man festhält, zeugt von falscher Sicht und bewirkt Leiden. Um die Wirklichkeit, d.h. das Wesen des lebendigen Augenblicks zu erfassen, muss man sich von der dualistischen Betrachtungsweise lösen und mit einem Blick das ganze faktische Sosein erfassen. Der gegenwärtige Augenblick ist wie er ist, wir können nichts zufügen und nichts wegnehmen. Nur wenn wir alle Geschehnisse der Welt mit leeren Augen – d.h. frei von Anhaften und frei von Werten – betrachten, können wir alles gleichzeitig in seiner Einheit und Gesetzmässigkeit erfassen und entsprechend handeln. Natürlich ist dies nicht die menschliche Sichtweise, sondern die Funktion des reinen Gewahrseins, das ohne Gedanken und Werte ist und an keinen Formen festhält. Der Buddha nannte dieses Gewahrsein die richtige Sicht.

Richtige Sicht ist die Grundlage des vom Buddha formulierten achtfachen Pfades der Befreiung, wobei «richtig» in manchen Übersetzungen als «vollkommen» wiedergegeben wird. Richtige bzw. vollkommene Sicht bedeutet, die Dinge in ihrer Wahrheit zu sehen, ohne Ichfärbung und ohne Parteilichkeit. Aus richtiger Sicht folgt richtiges Tun. Richtiges Tun ist im Grunde genommen ein Nicht-Tun. Es ist ganz natürliches Handeln, in das sich das persönlichen Ich mit seinen Erinnerungen und Motiven nicht einmischt. Wenn sich das Ich nicht einmischt, dann gibt es keine Konflikte. Deshalb ist richtige Sicht die wichtigste Komponente auf dem Weg zur Befreiung aus der geistigen Verwirrung, die Streit und Elend unter den Menschen schafft.

Denkt nicht, richtige Sicht sei mit einem Begriff zu definieren; kein einziges Gedankenkonzept enthält die richtige Sicht. Niemand kann sagen, was richtige Sicht ist, und niemand kann behaupten, er habe richtige Sicht, denn das Bewusstsein, das in den Kategorien von richtig und falsch, haben und nicht-haben, denkt, ist illusionär.

Im Sanskrit wird das, was mit richtigen Sicht gesehen wird, mit dem Wort «Tathā» benannt. Der Zen-Philosoph D.T. Suzuki übersetzte «Tathā» als «Sosein»; aber ich bin nicht ganz glücklich damit. Am liebsten würde ich es als «Seinheit» (isness) übersetzen.[20] Das, was sich unseren Sinnesorganen zeigt, kann man mit den konventionellen Begriffen als Farbe, Klang, Geruch, Geschmack, Empfindung, bezeichnen, und das, was in unserem Gemüt auftaucht, als Gedanke, Gefühl oder Stimmung. Doch das wahrhaftige Leben, das sich der ganzheitlichen Sicht des Buddha-Auges zeigt, ist weder greifbar noch benennbar. Man versucht vielleicht, es mit einer Farbe, einem Klang oder einer Geste zu versinnbildlichen, aber kein konventioneller Begriff kann es erklären.

In der buddhistischen Literatur wird das fundamentale So-Sein, d.h. das, was «so-ist-wie-es-ist», mit dem Sanskritwort «Tathāgata» gekennzeichnet. «Gata» bedeutet «kommen» oder «gehen». In der Kombination Tathāgata ist es vor allem «kommen». Das formlose Sein, Tathā, nimmt mit der Geburt Form an und gestaltet das Da-Sein. So wohnt das formlose Urwesen als Tathāgata, das «So-gekommene», jedem Lebewesen inne. Ein Mensch, in dem dieses völlig natürliche Dasein in Wort und Tat unverfälscht zum Ausdruck kommt, ist ein Buddha, ein vollkommen erwachter Mensch. Aus diesem Grunde wurde Shakyamuni Buddha Tathāgata genannt. Aber das Wort Tathāgata wird nur sekundär für einen Buddha in Menschenform benutzt, primär steht es für die kosmische Natur, die Buddha-Natur, das absolute Sein. Tathāgata-Buddha steht sowohl für einen Buddha in Menschengestalt als auch für das formlose kosmische Sein.

※

Die Theoretiker denken, es gebe hinter der gegenständlichen Welt einen anderen Zustand und das sei das absolute Sein. Doch das absolute Sein, Tathā, befindet sich nur jenseits des menschlichen Verstandes, nicht jenseits der Welt.

Das Sosein, Tathāgata, ist in allen Lebensformen gegenwärtig, auch in unserem menschlichen Dasein. Doch das, was wir mittels der Sinnen sehen, sind der Hut, die Schuhe, die Weste und der Mantel des Tathāgata – sie sind nicht Tathāgata selbst.

Die Wirklichkeit, Tathā, ist kein Traum. Aber da wir sie nicht mit unserem gewöhnlichen Denken erfassen können, machen wir eine mentale Unterscheidung zwischen dem Sichtbaren und dem Unsichtbaren. Wir nennen das eine «Materie», das andere «Geist», und platzieren beide Kategorien in verschiedene Bereiche. Auf diese Weise teilen wir ES in zwei Teile.

Richtige Sicht ist dann vorhanden, wenn man mit offenen Sinnen mitten im Universum steht, ohne zwischen Innen und Aussen zu unterscheiden, ohne zu philosophieren, ohne zu denken.

Wenn es zwischen den Augen und dem Bewusstsein nichts gibt, keine Wolken, keinen Nebel, dann herrscht reine, klare Wahrnehmung. Nichts verzerrt oder trübt die Sicht. Eine derartig weitgehende Klarheit kann nur durch Meditation zu Stande gebracht werden. Deshalb nimmt Meditation im buddhistischen Leben den zentralen Platz ein.

Richtige Sicht besteht darin, ohne vorgefasste Meinung an die Dinge heranzugehen. Mit reinem, klarem Geist, alles so anzuschauen, wie Kleinkinder es tun.

Das Prinzip der richtigen Sicht lautet: «Erfasse alles beim ersten Blick und schaue kein zweites Mal hin!» Wenn man die Dinge zum ersten Mal anschaut, sieht man sie mit den Augen, so, wie sie sind. Schaut man ein zweites Mal hin, schiebt sich etwas Subjektives aus dem Gedächtnis dazwischen.

Richtige Sicht hat man, wenn man an nichts festhält.

Wenn ich die Dinge in meiner Küche so sehe, wie sie sind und nicht anders, ist das richtige Sicht. Doch wenn jemand meine Küche vom moralischen Standpunkt aus betrachtet, sieht er, dass viele Tassen und Gläser angeschlagen oder gesprungen sind, und denkt, jemand habe sie kaputt gemacht oder ich sei ein unor-

dentlicher Mensch. Die Welt durch die Brille von Moral oder anderer Konzepte zu betrachten, ergibt keine richtige Sicht.

Wenn man alles in der Welt im Lichte der richtigen Sicht betrachtet, gibt es nichts Verborgenes. Das Wesen der Dinge ist deutlich erkennbar. Zucker schmeckt süss, und Alkohol macht mich trunken – das ist alles.

Hier ist ein Stock. Wir nennen es einen schwarzen Stock. Ein Wissenschaftler könnte sagen, er bestehe aus ätherischer Schwingung oder Energie, aus Molekülen und Atomen. Doch wie man ihn auch nennen mag, er ist das (Sokei-an zeigt den Stock und schlägt leicht auf den Tisch damit).

17

Samadhi

Wenn man in der Meditation eins ist mit dem Objekt, über das man meditiert, wenn das Äussere und das Innere sich vereinigen, entsteht der Zustand, den man Samadhi nennt. Samadhi ist ein Synonym für Yoga und bedeutet «vollkommener Kontakt».

Samadhi ist die Frucht vollständiger Verbundenheit. Wenn man mit etwas in unvoreingenommene Beziehung tritt, wird man eins damit. Wenn sich z.b. eine Frau in Liebe auf einen Mann bezieht, wird sie eins mit ihm. Genau so ist es, wenn ein Mann eine Frau liebt, er geht in ihr auf. Liebe ist eine Art Samadhi. Oder wenn ihr ins Kino geht und die schöne Greta Garbo seht, vergesst ihr euch selbst und werdet die grosse Garbo selbst. Auch das ist eine Form von Samadhi. Später, wenn dieses Erlebnis verbal erklärt wird, benutzt man Begriffe wie «vollkommene Vereinigung» oder versucht sonst eine Art der Erklärung, und schon gibt es viele Missverständnisse. Leider ist unser Denken so, dass man allem eine Umrandung und einen Namen verpasst. Das ist durchaus natürlich, aber auch lästig. Sobald das Gehirn nicht mit einer Lebenstatsache beschäftigt ist, bastelt es diese Gedankenformen, die wenig mit dem wahren Leben zu tun haben. Auch das Wort Samadhi ist eine solche Form.

Das Tor zum Samadhi ist die Meditation. Wenn ich meditiere, spüre ich immer den regelmässigen Takt meines Herzschlags, die Hände und auch die Zunge fühlen sich sehr schwer an. In diesem Zustand überlasse ich mich ganz der Kontrolle der Natur und erlaube den Geistesimpulsen nicht, sich nach aussen auszuleben, alles bleibt im Geist gesammelt – Klang, Empfindungen, Vibrationen. Durch diese Sammlung speichert sich die ungeteilte Kraft der Natur. Würde die Energie nach aussen gerichtet, würde sie geschwächt und der Geist verlöre sein Gleichgewicht. In dieser kristallisierten Sammlung kann es geschehen, dass einen plötzlich eine Furcht packt. Man wagt es nicht, noch tiefer zu gehen. Jeder kommt irgendwann an diese Grenze. Doch von hier aus kann man ins Samadhi eintreten. Wenn man sich fallen lässt.

Samadhi wird oft beschrieben als «Versunkenheit» oder «Absorption in die Wirklichkeit». Das Wort Versunkenheit bezeichnet hier etwas Passives. Das eigene Bewusstsein ist in die Grosse Buddhanatur versunken – man versenkt sich nicht selbst, man ist versunken. Es ist aber nicht wie im Schlaf, in den man ohne Bewusstsein im Chaos der Unbewusstheit versunken ist. Im Samadhi ist das Bewusstsein in der Wirklichkeit absorbiert, während es im Schlafzustand in der Dunkelheit des Nichtwissens (Avidyā) schläft. Die westlichen Gelehrten setzen Samadhi oft mit der Sitzmeditation gleich. Aber die Sitzmeditation ist nur ein Mittel, um Versunkenheit zu realisieren.

Es ist äusserst schwierig, echtes Samadhi zu erklären, man muss es erfahren. Auch viele Buddhisten haben falsche Vorstellungen davon. Sie verkriechen sich in eine Höhle oder einen abgelegenen Ort, sitzen mit verschränkten Beinen und geschlossenen Augen Tag und Nacht und halten dies für Samadhi. Wer keinen richtigen Lehrer hat, läuft leicht Gefahr, in diese falsch verstandene Versunkenheit zu fallen.

In einigen buddhistischen Sutras werden bis zu fünfhundert verschiedene Samadhis unterschieden, je nachdem, auf welcher Stufe oder in welchem Bereich sich die Vereinigung vollzieht. Wenn sich ein Mensch ganz und gar in einen Löwen versetzt, wird er in seinem Geist ganz und gar Löwe, das ist dann ein «Löwen-Samadhi». Wird er eins mit der Schlange, ist es das «Schlangen-Samadhi». Es gab z.B. einen japanischen Künstler namens So-sen, der nichts anderes als Affen malte. Er hielt die Affen in seinem Haus und lebte mit ihnen. Schliesslich verstand er ihr Denken durchaus, und wenn er die Affen malte, schaute er sich quasi mit ihren Augen selbst über die Schultern und kritisierte seine Arbeit. Dieser Mann befand sich andauernd im «Affen-Samadhi».

Es gibt also mehrere Arten und Stufen von Samadhi. Doch eine Art von Samadhi ist immer vorhanden, nämlich das allgegenwärtige, gewöhnliche Samadhi des Alltags, in dem man ganz einfach, ohne störende Gedanken, das tut, was es zu tun gibt: Aufstehen, essen, die Schuhe anziehen, sich den Rücken kratzen. Dieses gewöhnliche Samadhi ist gut. Man ist nicht damit beschäftigt, die Umstände zu kommentieren, zu beurteilen oder etwas von ihnen zu wollen. Man denkt überhaupt nicht an sich selbst. Alles geschieht naturgemäss aus der Stille des einheitlichen Geistes heraus. Könntet ihr diese Stille auch bewahren angesichts eines Menschen, dessen Gesicht ganz mit Pockennarben übersät ist, wie bei meinem Vater? Meine Mutter hielt ihn für schön, weil sie ihn liebte.

Was uns am natürlichen Samadhi hindert, ist unser Mangel an Beziehung. Wir sind in unsere Selbstbezogenheit gefangen und wollen uns deshalb nie völlig offen der Ganzheit des Augenblicks stellen. Wir befinden uns in der Spaltung zwischen ich und anderem, Subjekt und Objekt, Meditation und Alltag, heilig und profan. Es ist sehr schwierig, diese Dualität zu überwinden. Man taumelt immer von einer Seite zur anderen. Zuerst ist man ganz in die Welt involviert, und dann, wenn man meditiert, schliesst man die Augen und versucht, sich in die reine, metaphysische Welt zurückzuziehen und die Aussenwelt zu vergessen. Man klammert sich an der einen Seite fest. Wenn man die Augen wieder öffnet und ins Freie tritt, vergisst man die metaphysische Welt vollkommen und ertrinkt aufs neue in den Wellen der Farben und Töne. Das ist falsch! Man operiert mit Vorstellungen und ist nicht im Kontakt mit dem konkreten, gegenwärtigen Leben. Geist und Umgebung durchdringen sich nicht gegenseitig. Aus diesem Grund ist man nicht fähig, das aktuelle Leben in Meditation zu führen. Es ist merkwürdig, wie wenig Zen-Schüler gleichzeitig arbeiten und meditieren können. Sie kennen das Samadhi des Alltags nicht. In Wahrheit sind der Geist und seine Umgebung immer eins – ob man daran denkt oder nicht. Ein chinesischer Fischer sagte es so:

> *Ich betrachte die Landschaft von Sho und Shung.*
> *In meinem Boot sitzend, plötzliches Wissen:*
> *Ich bin die Landschaft.*

Im Lotus-Sutra heisst es, dass der hochbetagte Buddha eines Tages sagte: «Ich bin erschöpft. Ich praktiziere nur noch das Samadhi der Leerheit, das Samadhi der Formlosigkeit und das Samadhi der Wunschlosigkeit.»

Natürlich sind dies nicht drei verschiedene Samadhis, die abwechselnd «praktiziert» werden, sondern drei Aspekte des vollkommen ungebundenen Gewahrseins, das in alle Richtungen gleichzeitig strahlt und keine Trennungen kennt. Im Samadhi der Leerheit «weiss» man, dass alle Dinge relative Erscheinungen sind. Es gibt nichts, was man sein Ego nennen könnte, kein Atman; es gibt überhaupt nichts, was einem persönlich gehört. Das Samadhi der Formlosigkeit manifestiert die Unwirklichkeit aller Formen. Man versteht intuitiv, dass alle Dinge vergängliche Gestaltungen der einen Wirklichkeit sind. Wasser hat keine Form, aber es kann viele Formen annehmen und wieder verlassen. Gedanken sind mentale Formen. Daher manifestiert sich im Samadhi der Formlosigkeit auch die Unwirklichkeit aller Worte und Gedankengebäude. So verstanden sind auch die Lehren des Buddhismus nichts anderes als Hilfsmittel und nicht die Wahrheit. Aber sie sind Sprungbretter, in die wahre Formlosigkeit.

Das Samadhi der Wunschlosigkeit bzw. des Nichtbegehrens ist die völlige Freiheit von Habenwollen oder Festhalten. Wir Menschen leiden an der Welt, weil wir ihre Veränderlichkeit nicht akzeptieren. Wir leiden an der Geburt, am Tod, an Krankheiten und am Alter, an den sozialen Beziehungen und am Wetter, weil wir immer etwas für uns selbst haben und behalten möchten, aber nicht können. Wenn man erlebt, wie alles, was man hat und liebt, einem Ende entgegengeht und zerfällt, und man sich wie auf einem sinkenden Schiff ohne Hoffnung auf Rettung fühlt, befreit nur die vollkommene Wunschlosigkeit von der Todesangst, die mit dem radikalen Verlustgefühl einhergeht. Wir befinden uns in jedem Augenblick des täglichen Lebens auf einem sinkenden Schiff. Denn unsere persönliche Identität versinkt immer wieder in den Wellen des Leidens und Anhaftens mitten im Ozean der Formlosigkeit und Vergänglichkeit. Deshalb ist die Verwirklichung von Wunschlosigkeit sehr wichtig für unser Leben.

Das Geschehenlassen im Zustand der Wunschlosigkeit wird auch Samadhi des Nicht-Tuns genannt, weil man in Übereinstimmung mit der Natur lebt und nicht den absichtsvollen, zweckgerichteten Motiven des ängstlichen Egos gehorcht. Dadurch verlässt man die Welt der Illusionen und Leiden, ohne aus der materiellen Welt zu fliehen, und ruht im Zentrum des sich dauernd verändernden Lebens wie im Auge eines Wirbelsturms.

Der Buddha akzeptierte sein Alter und seinen erschöpften Körper und lebte damit im dauernden Samadhi der Leerheit, der Formlosigkeit und der Wunschlosigkeit. Auch ihr könnt euch auf diese Weise von der Gefangenschaft eurer Sinnes- und Gedankenwelt und Todesangst befreien. Vollständige Befreiung bedeutet aber die Befreiung von sämtlichen Gedanken und Worten, also auch von Samadhi und Nirvana. Wenn man einen toten Körper auf dem Scheiterhaufen verbrennt, braucht man einen Stock dazu. Nachdem der Körper verbrannt ist, ist auch der Stock verbrannt. Die Erfahrung der verschiedenen Samadhis ist der Stock. Mit dieser Erfahrung verbrennt man alle Illusionen über die Welt und dann die Erfahrung selbst. So bleibt gar nichts mehr von einem übrig. Das ist wahrer Friede.

Wenn man jemanden trifft, der im Samadhi weilt, kann man die feine Eigenschaft seines Geistes spüren. Es ist die Eigenschaft der Stille, gleich einem Lied ohne Worte, doch sehr bedeutungsvoll. Ohne ein Wort zu sagen, spricht sie oder er eine Million Worte zu dir. Das ist der Samen, den sie oder er durch Meditation im eigenen Geist wachsen liess. Ich sitze gerne neben einem solchen Menschen. Die Schwingungen, die von ihm ausgehen, sind ganz anders als diejenigen von einem ruhelosen Geist. Wenn ihr wünscht, ein schöner Mensch zu sein – ich meine nicht schön im physischen Sinne, sondern geistig – sollt ihr diesen kleinen Samen tief in eurem Bewusstsein behüten. Das ist das Geheimnis der menschlichen Schönheit.

Lasst Körper und Geist in der Meditation still werden wie ein Berg. Glaubt fest daran, dass euch der Geist des grossen Universums umfängt. Doch denkt nicht über diesen Begriff nach, das würde euch bloss am Eintauchen hindern. Verfallt nicht dem Fehler, es mit dem

Gehirn begreifen zu wollen. Erfasst es mit eurem ganzen Wesen.

Wenn ihr erkennt, dass es kein Ego gibt, keine bestimmte Seele, die es zu beschützen gilt, dann taucht ihr von selbst ins Samadhi ein. Doch wenn ihr an eurer egozentrischen Sicht festhaltet und den Aberglauben an eine individuelle Seele wie einen Schatz hütet, könnt ihr ES niemals kosten.

Viele ziehen sich in die Berge zurück, meditieren ununterbrochen innerhalb ihres eigenen Bewusstseins und denken dabei, sie befänden sich auf einer sehr hohen Stufe der transzendenten Welt. Aber sie befinden sich nicht in der transzendenten Welt. Sie schreiben sich in ihrer Vorstellungswelt eine Novelle und geben sich selbst die Rolle des Heiligen. Aber es gibt keine Heiligen. Das ist bloss eine Erfindung.

Wer alle Vorstellungen aufgibt, in die Wirklichkeit eintritt und dort keinen Namen mehr findet, weder einen heiligen noch einen profanen, der ist ein wahrhaftiger Mensch.

Weisheit (Prajñā) ist nicht unser eigenes Produkt; sie ist die Kraft des Universums. Und Einssein (Samadhi) ist der natürliche Zustand des Universums. Das eigene, kleine Ego hat dort keinen Platz. Wenn man erkennt, dass Samadhi und Weisheit dasselbe sind, wird man zu einem grossen, mitfühlenden Wesen. Wir nennen solche Wesen Bodhisattvas.

18

Ohne Absicht, Ohne Zweck

Wahre Zwecklosigkeit bedeutet, keine Ideen und Vorstellungen zu haben über das, was sein soll, und alles der intuitiven Weisheit der Natur zu überlassen, die ohne Ich ist.

Während einer Ferienwoche in den Bergen beobachtete ich die Bäume und kleinen Waldtiere, wie sie ihre ganze Kraft aufboten, um zu leben. Für sie gibt es nur einen Zweck, den Zweck zu überleben. Das ist das einzige, worum sie sich in ihrer unbewussten Art und Weise bemühen. Ihr Bewusstsein ist nicht so differenziert wie das unsrige, sie stellen keine Fragen nach dem Warum und Wozu ihres Tuns. Von ihrem Standpunkt aus leben sie völlig ohne Zweck, sie leben einfach. Sie wissen vermutlich nicht, dass sie leben. Wir sind es, die ihr Leben beobachten. Sie wissen vermutlich auch nicht, dass sie nichts von ihrer eigenen Existenz wissen. Sie existieren so, wie der Himmel über ihnen und die Erde unter ihnen und leben in Harmonie mit sich selbst. Normalerweise nennt man dieses natürliche Verhalten Instinkt. Für mich ist es intuitive Weisheit.

Im Buddhismus nennt man diesen Zustand Asamskrita was übersetzt werden muss als «ohne Zweck». Es handelt sich hier um eine typisch buddhistische Auffassung. Im von der griechischen Philosophie geprägten Christentum herrscht der Glaube, dass die ganze Existenz einen Zweck hat, nämlich Gottes Wille oder Plan zu erkennen und zu erfüllen. Ausserdem gelten alle Lebewesen auf Erden à priori als unvollkommen und sündhaft. Nur durch Gottes Gnade und die Erfüllung von Gottes Willen können wir Menschen Vollkommenheit erlangen.

Die Buddhisten betrachten sämtliche Existenzformen als das eine Sein. Es gibt schöne Bäume und weniger schöne Bäume, Katze und Hund, Mann und Frau, lange, kurze, dicke, dünne Dinge – alle diese Formen haben ihren Platz und existieren ohne bestimmten Zweck. Diese Vielfältigkeit hat kein Ende; sie existierte schon immer als Ganzes. Manchmal ist das eine gross, das andere klein und dann, nach einer gewissen Zeit, wird das Grosse klein. Dinge entstehen und vergehen. Die einzige Wahrheit ist die, dass sich alles immerwährend wandelt.

Buddhisten finden Zuflucht in dieser Zwecklosigkeit. Sie versuchen, egal ob arm oder reich, jeden Tag ihres Lebens mit voller Hingabe und friedvoll zu leben. Sie suchen Frieden, nicht Glück, denn Glück birgt den Samen des Leidens in sich. Man kann dies tun, wenn man keine Absicht und keine Idee in der Zukunft zu verwirklichen hat. Dies ist aber nicht zu verwechseln mit der überheblichen Haltung, in der sich jemand von allem fernhält und behauptet: «Es geht mich nichts an; es hat ja ohnehin keinen Zweck.» Wahre Absichtslosigkeit bedeutet, in jeder Situation natürlich zu handeln, ohne Motiv.

In seinem Originalzustand ist unser Bewusstsein absichtslos. Die erste spontane Bewegung des menschlichen Geistes geschieht immer ohne Absicht und ohne Zweck aus dem reinen Zustand von Asamskrita heraus. Doch sobald der menschliche Geist beteiligt ist – auch wenn dies ganz unbewusst geschieht – bekommen die Taten eine Ausrichtung basierend auf Absicht und Zweck. Daraus ergeben sich alle weiteren geistigen Aktivitäten. Die Folgen dieser Aktivitäten werden im Bewusstsein registriert und hinterlassen eine Spur. Wenn ein Schinken geräuchert wird und das Aroma des Rauchs in sich behält, ist es ein geräucherter Schinken. Analog dazu wird der menschliche Geist von seiner Verbindung mit den äusseren Geschehnissen aromatisiert. Der Zustand *ohne* Absicht und Zweck, Asamskrita, wird zu Samskrita, dem Zustand *mit* Absicht und Zweck.

Auf Japanisch heisst Samskrita *U-i*, «etwas tun»; Asamskrita heisst entsprechend *Mu-i*, «nichts tun». Der menschliche Geist befindet sich andauernd in U-i. Doch Mu-i ist sein Urzustand. Es kann auch verglichen werden mit klarem Wasser. Wenn Staub und Schmutz im Wasser sind, ist dieses getrübt. Dann sprechen wir von U-i bzw. Samskrita. Oder man vergleicht es mit Feuer: Der aktive, denkende Geist gleicht einem rauchenden Feuer, wenn er jedoch in seinem Urzustand ruht und frei von Denken ist, gleicht er einem Feuer, das ohne Rauch brennt.

In der gegenstandslosen Meditation – in der weder Absicht noch Zweck besteht – hindert die Weisheit des reinen Geistes das Feuer am Rauchen, indem sie alle Bewusstseinsinhalte vollkommen verzehrt. So wie man in einem mit Rauch gefüllten Zimmer die Fenster öffnet und den Ventilator anstellt, um den Rauch zu vertreiben, so werden in der inhaltslosen Meditation alle Sorgen und Fragen aus dem Geist vertrieben.

Wenn man danach strebt, sich durch bewusste Anstrengung von den Einflüssen der Geistesinhalte zu befreien, meditiert man im Zustand von Samskrita. Dabei begegnet man meist zwei Arten von Schwäche in sich. Die eine zeigt sich in der Sitzmeditation, wenn man die Kontrolle über die Geistesinhalte verliert. Nehmen wir an, eine noch ungeübte Person meditiert mit Hilfe eines Mantras oder indem sie ihre Atemzüge zählt.[21] Während sie dies tut, tauchen Dinge auf, die sie ablenken – alle möglichen

Gedanken oder Bilder dringen in ihr Bewusstsein ein. Wir nennen diese Erscheinung das «Durchsickern» von Geistesinhalten. In der Sprache eurer analytischen Psychologie würde man dieses Phänomen vermutlich als Aktivität des Unterbewussten erklären. So wie Wasser aus einem defekten Gefäss rinnt, rinnen Gedanken aus dem Unterbewusstsein in das Bewusstsein.

Dies geschieht, weil die Aufmerksamkeit noch nicht im Wesentlichen verankert ist, nicht kristallisiert im stillen Zentrum des Geistes. Es gibt immer noch Raum für Inhalte aus dem Unterbewusstsein. Wie Schlamm durch einen undichten Boden, sickern diese in den Geist. Um Stille zu ermöglichen, muss man all diese unnötigen Geistesinhalte vollkommen ignorieren und darf ihnen keinen Zutritt zum Zentrum des Gewahrseins erlauben.

Ohne einen Fokus wie ein Mantra oder die Achtsamkeit auf den Atem, ist es noch schwieriger, die Kontrolle zu behalten, und es besteht die Gefahr, dass man von den Geistesinhalten weggetragen wird. Doch wenn man beharrlich übt, ruht die Aufmerksamkeit schliesslich ganz im Zentrum des Geistes, wo kein Schlamm eindringen kann.

Die zweite Schwäche betrifft das alltägliche Verhalten. Man hat nämlich meistens keine Ahnung, ob das eigene Handeln von «Tun» oder «Nicht-tun» gesteuert wird. «Nicht-tun» wäre das absichts- und zwecklose Handeln in vollkommenem Kontakt und Einklang mit der Natur (Asamskrita). «Tun» ist gefärbt von den persönlichen Wünschen und Begehren (Samskrita). Wenn ihr morgens aufsteht und nachts nach getaner Arbeit zu Bett geht, «tut» ihr nichts, aber wenn ihr abends starken Kaffee trinkt, um wach zu bleiben, «tut» ihr etwas. Der Bauer, der im Frühling die Samen sät und im Herbst das, was die Natur daraus wachsen liess, erntet, «tut» nichts, obwohl er den ganzen Tag lang arbeitet. Fragt euch bei allem was ihr tut: «Ist dies eine natürliche Handlung des Lebens oder bin ich es, der etwas tut?»

Wenn ihr von diesem doppelten Gesichtspunkt aus alle eure Tätigkeiten sorgfältig beobachtet, werdet ihr das Tor zum stillen, kristallklaren Geist finden. Es genügt, aus dieser Stille heraus das «Durchsickern» und «Nichtdurchsickern» von Gedankenschlamm zu beobachten. So werdet ihr bald zwischen natürlichem und gekünsteltem Handeln unterscheiden können. Weiter braucht ihr nichts zu lesen oder zu üben.

Zu meiner Zeit gab es eine Anzahl berühmter Schwertkämpfer. Einer von ihnen hiess Sukohara. Er gebrauchte niemals sein Schwert, um sich zu verteidigen. Stattdessen benutzte er die Rippe eines Fächers. Wann immer er angegriffen wurde, konterte er mit dieser Bambusrute. Sukohara beherrschte die Kunst des spontanen Handelns wirklich. Seine Strategie war es, zu gewinnen, ohne zu kämpfen.

Es mag euch seltsam erscheinen, dass ich als buddhistischer Mönch über Strategie rede. Doch es ist gut, zu wissen, dass es verschiedene Strategien gibt, die man im täglichen Leben anwenden kann. Die schlechteste ist es, einen Feind in seiner Festung anzugreifen oder dort, wo er am meisten auf einen Angriff vorbereitet ist. Einen schwachen Punkt anzugreifen, gilt gewöhnlich als die beste Strategie, doch noch besser ist es, zu siegen, ohne überhaupt zu kämpfen. Dies kann man nur, wenn der Geist locker, frei und ohne ichbezügliche Absicht ist.

Einmal, er war damals schon ein alter Mann, reiste Sukohara in einem kleinen Boot durch die Gewässer von Südjapan. Er suchte sich einen Platz abseits von den anderen Passagieren und sass schweigend da. Im selben Boot befanden sich einige hitzige, stolze Samurai, die fast den ganzen

Platz für sich beanspruchten. Sie gaben dem Kapitän, einem armen Fischer, andauernd Befehle und schmähten ihn mit vielen harten Worten. Den übrigen Passagieren war dies peinlich, doch niemand sagte etwas. Unter diesen Burschen befand sich einer, der ganz besonders grimmig aussah. Er hatte sich eingeredet, er sei der beste Schwertkämpfer des ganzes Landes und prahlte lautstark damit. Er sah den alten Mann in der Ecke sitzen. Das Schwert in dessen Hand liess ihm keine Ruhe. Er trat auf den Alten zu mit den Worten: «Er hat zwar ein Schwert in der Hand, sicher aber keine Ahnung, wie es zu gebrauchen ist», und stiess mit dem Fuss gegen die Schwertscheide. Dies kam einer grossen Beleidigung gleich. Denn zu jener Zeit verlangte es der Ehrenkodex, dass man das eigene Schwert sowie das Schwert eines anderen hoch achtete. Berührte einer die Schwertscheide eines anderen, wurde das Schwert unverzüglich gezogen und gekämpft. Doch der Alte reagierte nicht und gab sich den Anschein eines Feiglings. Dies reizte den jungen Samurai und er forderte den Alten auf, zu kämpfen. Die Passagiere bekamen es mit der Angst zu tun, denn sie erwarteten, dass nun mitten unter ihnen ein Kampf ausbrechen würde. Nur die jungen Samurai klatschten in die Hände und brüllten: «Heh, Alter, steh auf! Du siehst wie ein Krieger aus. Lass uns wissen, aus welcher Schule du kommst.»

Sukohara sagte bloss: «Ich habe bei einem Lehrer gelernt, der mir beigebracht hat, einen Kampf zu gewinnen, ohne eine Hand zu rühren.» Die jungen Draufgänger riefen spöttisch: «Von einer solchen Schule haben wir nie gehört. Lass uns sehen, was du kannst.» Sukohara, der bemerkt hatte, dass die Flut angebrochen war und das Wasser langsam stieg, sagte zu ihrem Anführer: «Gut, junger Mann, ich fühle mich geehrt, dir meinen Stil zu zeigen, aber hier im Boot ist nicht genügend Platz. Lass uns auf jene Insel fahren und wir können uns dort messen.»

Der kämpferische Samurai befahl dem Fischer, das Boot auf die Insel zu steuern, und sobald es das seichte Wasser erreicht hatte, sprang er ab, krempelte die Ärmel hoch und rief: «Komm schon, Alter». Doch dieser flüsterte dem Kapitän zu: «Stoss ab!» «Feigling» schrie der Samurai. Aber die Flut stieg und das Boot segelte vom Ufer weg.

Man mag Sukohara einen Feigling nennen, aber er handelte weise. Er rettete das Leben des Samurai und das der Passagiere und gewann den Kampf. Er holte den Mann zurück ins Boot. Dieser stieg sehr kleinlaut ein, und als er hörte, dass er es mit dem berühmten Sukohara zu tun hatte, wurde er kreidebleich und verbeugte sich vor ihm.

Wirkliche Meditation ist ohne Absicht. Der Geist gleicht dem stillen Mond am leeren Himmel. Wolken, Sterne, Wind, Frühling, Sommer, Herbst und Winter kommen und gehen, der Mond bewegt sich nicht.

Das universale Bewusstsein existiert aus sich selbst heraus und hat keinen Zweck. Wenn es sich mit unseren Sinnesorganen verbindet und etwas erzeugt – Gedanken, Gefühle, Erinnerungen, – dann ist es nicht mehr im reinen, zweck- und absichtslosen Zustand.

Befreit euch von eurem Wissen und eurer Suche nach Erleuchtung! Erwacht zu diesem Leben!

Der Unterschied zwischen einem verblendeten und einem erleuchteten Menschen ist der, dass letzterer in seiner Leibesmitte (jap. Hara) ruht, ohne Zweck und ohne Absicht und ohne an Leben und Tod zu hängen.

Einfach ein Mensch zu sein, gewöhnlich und unkompliziert, ist alles, wonach ich strebe. «Guten Morgen. Wie geht es?» – das ist alles.

In jedem Augenblick wirklich zu handeln – gehen, schlafen, essen, sprechen –, dies ist meine Religion.

Religion dient nur der Seele. Sie hat keinen anderen Zweck.

Lasst die Dinge aus sich selbst heraus wachsen! Wenn ein Mensch versucht, etwas zu «machen», verliert er seinen Halt.

Ohne Absicht und ohne Zweck zu sein bedeutet nicht, dass man gleichgültig ist oder schläft. Man hält die Augen offen und sieht alle Möglichkeiten des gegenwärtigen Augenblicks.

Viele Zen-Meditierende interpretieren Absichtslosigkeit und Zwecklosigkeit so, dass sie denken, es sei falsch, in diesem Leben irgendein Ziel zu verfolgen. Ich selber befand mich lange Zeit in diesem Zustand. Ich verbrachte meine Tage am Strassenrand sitzend ohne Zweck und ohne Ziel. Diese Art von Absichtslosigkeit und Untätigkeit ist nicht die Lösgelöstheit, von der der Buddha gesprochen hat. Man kann leicht in diese Falle geraten und als Müssiggänger enden wie ein Landstreicher oder Penner und sich dabei einreden, man pflege eine wunderbare Religion.

19

Wer Meditiert

Die Frage, was das Ich ist, ist sehr alt. Der Buddha beantwortete sie, indem er sein eigenes Bewusstsein sehr sorgfältig analysierte. Er kam zum Ergebnis, dass das Ich keine feste, bleibende Grösse ist, sondern sich immer wieder neu im gegenwärtigen Bewusstsein konstelliert.

Um seine Erkenntnis in Bezug auf das Ichbewusstsein zu erklären, formulierte der Buddha die «Lehre der Fünf Skandhas». Diese besagt: Damit ein Ichbewusstsein überhaupt zu Stande kommt, braucht es fünf geistige Faktoren. Diese heissen in der Sprache des Buddhismus *Die fünf Skandhas*. Die chinesische Übersetzung für das Sanskritwort Skandha besteht aus einem Schriftzeichen, das als «Anhäufung» oder «aufgebaut» übersetzt werden kann. In älteren Schriften findet man dafür das Zeichen für «Schatten». In Buddhas Lehre bedeuten die fünf Skandhas fünf Schattierungen des menschlichen Geistes, die zusammen das Ichbewusstsein aufbauen: Erstens: das geformte Bewusstsein. Dazu gehört der eigene Körper und die Dinge der Aussenwelt. Der Fachausdruck dafür ist Rūpa, Form. Im buddhistischen Verstehen besteht auch das, was wir Materie nennen, aus Bewusstsein. Zweitens braucht es Sinneswahrnehmung, Empfindung, auf Sanskrit Vedanā. Drittens: Gedanken, auf Sanskrit Samjñā. Viertens: unbewusste Gefühlsregungen und Impulse, Samskāra. Das fünfte Element ist das ungeformte Bewusstsein, Vijñāna. Wenn alle diese Elemente vorhanden sind – d.h. ein mit Bewusstsein ausgestatteter Körper, der Sinneswahrnehmungen, Gedanken, Gefühlsregungen, und unbewusste

Impulse erfährt – dann sind die Voraussetzungen für das Ichbewusstsein erfüllt.

Zur Veranschaulichung stellen wir uns den Raum unseres Geistes wie eine Kugel vor, die das ganze Universum einschliesst. In dieser Kugel liegen die Skandhas wie Sphären übereinander. Im Vergleich zum Spektrum des Lichts wäre in der Mitte das weisse Licht, das sich nach aussen hin in vier Farben bricht, wie in einem Regenbogen. Die innerste Sphäre ist die subtilste. Sie ist das unmodifizierte, reine Bewusstsein. (Vijñāna). Dann folgen die Sphäre der unbewussten Impulse und Gefühlsregungen, die Sphäre der Gedanken und die Sphäre der Sinneswahrnehmungen. Die äusserste Sphäre ist die grobstoffliche, materielle Welt.

In unserer Erfahrung werden wir uns normalerweise zuerst der materiellen Existenz bewusst. Die Materie, einschliesslich unser eigener Körper, ist die Grundlage für alles weitere. Zur Formenwelt (Rūpa) gehören neben dem eigenen, fleischliche Körper auch alle Dinge um uns herum: Möbel, Bäume, Flüsse, Berge, Luft, Meere, Wolken. Wer dies realisiert, versteht, dass die ganze Welt sein eigener Körper ist, d.h. das Bewusstsein ist nicht auf den physischen Körper beschränkt, es schliesst alles mit ein; ohne Bewusstsein gäbe es keine Welt.

Das Sinnesbewusstsein, Vedanā, sieht, hört, riecht, schmeckt und tastet. Ohne die Sinnesorgane können wir die Aussenwelt nicht wahrnehmen, und ohne die Aussenwelt entwickeln sich keine Sinnesorgane. Die materielle Welt (Rūpa) und die Sinneswahrnehmung (Vedanā) bedingen sich gegenseitig. Das eine existiert nicht ohne das andere. Das ist das erste Naturgesetz unseres Bewusstseins.

Die dritte Schicht, Samjñā, ist von ganz anderer Natur. Sie besteht aus Gedanken und Träumen. Wenn man die Augen schliesst, «sieht» man quasi, wie die Gedanken im Geist auftauchen und wieder verschwinden. Doch wer ist es, der dies sieht? Wer ist es, der sagt: «Ich denke an die Mutter» und dann «ich» und «die Mutter» gleichzeitig «sieht»? Was ist das für ein Sehen? Wir sagen, es ist das Bewusstsein. Ob es mein Bewusstsein ist oder das Bewusstsein der Natur, steht nicht zur Diskussion. Es ist müssig, darüber zu reden, denn es gibt keinen Besitzer.

Die nächste Bewusstseinssphäre, Samskāra, unterscheidet sich von den Gedanken und Träumen kaum. Was sich darin zeigt, ist nur viel subtiler und kurzlebiger. Wie Tautropfen, die kurz aufleuchten, oder wie ein Blitz am Himmel zuckt etwas durch den Geist, um sich gleich wieder aufzulösen. Man kann es kaum erfassen, es entzieht sich der genaueren Betrachtung. Diese Impulse sind die Samen der Gedanken und Emotionen. Es sind Gefühlsregungen, die unvermittelt auftauchen und kaum in Worte zu fassen sind. «Was war das, was ich eben fühlte?» Man versucht, es zu erhaschen und findet vielleicht irgendeinen Vergleich mit etwas anderem, der aber sehr unbefriedigend ist. Es kann auch geschehen, dass man sich in einer unbestimmten Laune befindet, etwas beunruhigt einen, doch man findet nicht heraus, was es ist. Dann braucht nur jemand plötzlich etwas von einem wollen und schon brüllt man los – das, was sich im Verborgenen regte, kommt an die Oberfläche und enthüllt den Grund des Missbehagens. Vielleicht könnte man für diese Sphäre den Ausdruck «das Unterbewusstsein» gebrauchen.

Die Sphäre von Samskāra ist nicht nur in einem selbst, sondern auch in der Natur spürbar. Dort kommt man ihr oft besonders nahe. Man kann es nicht mit den Ohren hören, aber die Natur spricht deutlich zu unserem Gefühl. Beim Betrachten einer Trauerweide, gibt es etwas das einen traurig stimmt. Die Trauerweide spricht in ihrer eigenen Sprache zu uns. Auch die Föhre hat ihre eigene Sprache. Ein Dichter müsste zehn oder fünfzehn Zeilen schreiben, wollte er etwas über die Föhre sagen, aber sein Fühlbewusstsein (Samskāra) erfasst die wortlose Sprache der Föhre sofort. Man fühlt das Samskāra eines bestimmten Lebewesens, wenn es das eigene Samskāra, das eigene Gefühl anspricht. Dies ist die Grundlage von Beziehung und Empathie. Sie hebt die scheinbare Trennung zwischen den Wesen auf.

Die fünfte Sphäre, Vijñāna, ist wie das Kerngehäuse eines Apfels. Sie ist die Mitte des Ganzen und ist das Bewusstsein an und für sich. Wie das weisse Licht ist es nicht in seine einzelnen «Farben» modifiziert.

Man kann die fünf Skandhas auch am Beispiel eines Baumes mit fünf Ästen erklären. Dabei steht der Baum für den menschlichen Geist. Wurzel und Boden bilden zusammen das Mutterbewusstsein (Vijñāna). Dieses ist grenzenlos und kann auch in der Meditation nicht bis ins Letzte erfahren werden. Dort, wo der Stamm aus der Erde tritt, beginnen die unbewussten oder halbbewussten Geistesaktivitäten (Samskāra). Aus ihnen entwickeln sich mit zunehmender Höhe die Gedankenwelt (Samjñā). Kurz bevor sich der Stamm in seine fünf Äste verzweigt, liegt der Bereich der Sinneswahrnehmung (Vedanā). Hier laufen die Informationen aus den fünf Sinnesorgane zusammen. Die fünf Äste ragen in die materielle Welt (Rūpa) und ermöglichen den Austausch zwischen der sichtbaren Welt und der verborgenen Wurzel.

Betrachtet man die Bewegung des Bewusstseins von der Wurzel zur Krone bzw. von der innersten Sphäre zur äussersten, könnte man von einer Art «Auftauchen» sprechen: vom formlosen Urgrund hin zur schöpferischen Vielfalt der Welt. Folgt man dem Geschehen von der Krone zur Wurzel bzw. von aussen nach innen, wäre dies eine Art

«Eintauchen»: von den vielfältigen Aktivitäten des Lebens in die Stille des Mutterbewusstseins. In der buddhistischen Meditation werden beide Bewegungen mit einem wachem und offenen Geist sorgfältig betrachtet. Wer über sich selbst wirklich Bescheid wissen möchte, soll das eigene Bewusstsein in dieser Art untersuchen. Wir nennen es Selbsterforschung durch Achtsamkeit. Anfänger üben dies am besten im Sitzen.

Damit die für die Achtsamkeitsmeditation nötige Stabilität und Ruhe gewährleistet wird, ist es nötig, die körperliche Haltung zu bewahren. Dazu müsst ihr das Rückgrat als die zentrale Säule erleben. Es darf nicht wie ein Bogen gekrümmt sein, sonst besteht keine Stabilität. Die Hände liegen so im Schoss, als wollte man diese Säule unterstützen. Ebenso wichtig wie die Haltung des Körpers ist die Haltung des Geistes. Körper- und Geisteshaltung beeinflussen sich gegenseitig. Wenn der Körper aufrecht und still ist, wird auch der Geist aufrecht und still. Doch es ist schwieriger, die Haltung des Geistes zu bewahren, als die des Körpers. Deshalb ist die Achtsamkeit auf den Körper (Rūpa) der erste Schritt zur Meditation.

Als nächstes gilt es, den Bereich der Sinneswahrnehmung (Vedanā) zur Ruhe kommen zu lassen. Man lässt sich so leicht von den Eindrücken der Aussenwelt stören – von Strassenlärm, Polizeisirenen, Stimmen. Ist man gestört, kann man nicht meditieren. Deshalb pflegte ich mich in dieser Art von Meditation immer auf das Gehör zu konzentrieren und alle Geräusche gleichzeitig anzunehmen, ohne eines davon abzuweisen. Die Störung kommt nämlich daher, dass man sich gegen die Geräusche wehrt und ihnen den Eintritt ins Bewusstsein verweigert. Viel besser ist es, mit den Geräuschen, die ans Ohr treten, eine vollkommene Einheit herzustellen. Man bleibe dabei aber ganz ohne Absicht, die Geräusche anzunehmen oder abzuweisen. Man verzichtet darauf, sie zu benennen oder zu beurteilen. Einmal arbeitete ich an einem Ort, wo es so laut war, dass ich meine eigenen Gedanken nicht hören konnte. Als ich beschloss, diesen Lärm ohne Widerstand zu akzeptieren, war es nicht mehr so schlimm. Natürlich war es nicht angenehm, aber es störte mich nicht mehr. Und wenn ich, wie heute, einen Vortrag gebe und den benachbarten Musiker Klavier spielen höre, akzeptiere ich dies so, als ob ich ihn dafür bezahlt hätte. So ist es mir nicht lästig.

Die nächste Bewusstseinsschicht ist die Gedankenwelt (Samjñā). Diese ist das Hauptobjekt in der systematischen Achtsamkeitsmeditation. Man kann die Gedanken, die wie Luftblasen aus dem unter- oder halbbewussten Bereich (Samskāra) in das Bewusstsein aufsteigen, nicht abweisen. Doch diese Blasen sollen zerplatzen, bevor sie ganz an die Oberfläche kommen. Dazu ist es nötig, ihnen keine Aufmerksamkeit zu schenken. Lasst die Gedanken kommen – Gedanken an Zigaretten, Musik, Frühstück, Freund, Kinder – ihr könnt sie nicht abwehren, aber unterhaltet euch nicht mit ihnen und ernährt sie nicht. Wenn ihr euch darum kümmert, werden sie den Geist immer von neuem aufwühlen und keine Ruhe zulassen. Lasst sie kommen, lasst sie gehen. Reine Achtsamkeit ist wie ein Spiegel, der das, was er spiegelt, niemals festhält.

Mit zunehmender Gedankenstille machen sich oft andere Regungen bemerkbar. Man kommt in den Bereich von Samskāra. Gefühlsregungen werden spürbar oder Bilder tauchen auf, von denen man nicht sagen kann, was sie sind oder woher sie kommen. Damit auch diese die Ruhe des Geistes nicht stören können, ist es nötig, davon Abstand zu halten. Aber auch hier gilt: Gewaltsame Abwehr erzeugt bloss mehr Unruhe. Am besten nimmt man auch diese Erscheinungen einfach zur Kenntnis und wendet sich der Stille zu, die hinter oder unter diesen Regungen ruht.

Auf diese Weise gelangt man schliesslich auf den bodenlosen Boden von Vijñāna. Aber denkt in eurer Meditation nie: «Das ist der Boden; das ist das Ende. Jetzt habe ich Gott gefunden.» Das Gottesgefühl hat keinen Boden, kein Ende. Der Spiegel des bodenlosen Geistes nimmt die Eindrücke von den Stimmungen, Gedanken und der Aussenwelt auf wie ein unbeteiligter Zeuge und spiegelt sie zurück.

Indem ihr so über die verschiedenen Schatten meditiert, gelangt ihr schliesslich zum leeren Zentrum eures Bewusstseins. Ihr werdet entdecken, dass da niemand ist – kein Subjekt, kein Ich – das über Bewusstsein meditiert. Da ist nur Bewusstsein, das seiner eigenen Erzeugnisse gewahr ist.

Wenn mich jemand fragt: «Ist es nötig, dass ich über meinen eigenen Geist meditiere?», dann sage ich: «Nein». Werde ich dann gefragt: «Worüber soll ich denn meditieren?», dann sage ich: «Über nichts». Es gibt kein Ich, das meditieren kann. Meditation ist die Aktivität des Bewusstseins selbst.

Die fünf Bereiche des menschlichen Bewusstseins, (fünf Skandhas) bergen die Ursache für die grundlegenden Irrtümer der Menschheit. Wenn man sich nicht mit ihren Inhalten identifiziert, lösen sie sich auf. Dann herrscht Friede. – Das ist Nirvana.

Das Bewusstsein, das wir als unser Ich bezeichnen, hat nichts mit uns selbst zu tun. Es resultiert aus dem Zusammenwirken der verschiedenen Bewusstseinselementen, die unser körperliches und geistiges Leben ausmachen. Das Studium und die Kenntnis dieser Elemente ermöglicht es den Meditierenden, der funda-

mentalen Ich-Täuschung auf den Grund zu kommen und sich davon zu befreien.

Der Wunsch, die Dinge – die materiellen wie die geistigen – zu besitzen, ist die schmerzhafteste Plage, weil er nicht befriedigt werden kann. Aber wenn man die Eindrücke der Formwelt im Bewusstsein mit reinem Gewahrsein durchdringt, verschwindet das Begehren von selbst.

Wenn ihr das Wesen eurer Welt verstehen wollt, müsst ihr tief in euer Bewusstsein eindringen. Durch alle Schichten der Wahrnehmung, der Gedanken und Gefühle, bis ihr in die kristallklare Stille kommt. Nur von dort sieht man die Wahrheit.

Übt Zazen! Es ist die Grundausbildung, die Rekrutenschule für den Geist. Ein gut geschulter Geist hilft auch im täglichen Leben.

20

Kōan

Das Ziel der Zen-Schulung ist es, den eigenen Geist von allem falschen Denken und allen Sinnestäuschungen zu befreien. Als Hilfsmittel werden die sogenannten Kōans benutzt.

Kōans sind keine Rätsel, die «gelöst» werden müssen. Es sind vielmehr in sinnbildliche Worte gefasste Fragestellungen, paradoxe oder poetische Aussagen alter Zen-Meister, die in der traditionellen Zen-Schulung als Hilfsmittel zur Überwindung des rationalen Denkens eingesetzt werden. Diese Worte werden in der Stille der Meditation so lange «betrachtet» bis sich ihr Sinn spontan in einem körperlichen und/oder verbalen Ausdruck manifestiert. Alle Kōans weisen direkt auf die Wirklichkeit hin und diese wird nur in der unmittelbaren, persönlichen Erfahrung enthüllt.

Der rationale Verstand ist nicht geeignet, das Wesen eines Kōans zu erfassen. Er ist das Hindernis schlechthin. Der Verstand verstellt uns den Blick auf die Wirklichkeit und verleitet zu vielen falschen Wahrnehmungen. Nur die intuitive Weisheit ist im Stande, die inneren Barrieren der rationalen Vernunft zu durchbrechen. Aus diesem Grunde werden in der Zen-Schulung Kōans benutzt. Sie dienen als Sprungbrett in die gegenwärtige und unmittelbare Klarsicht jenseits des rationalen Denkens.

Es genügt nicht, über ein Kōan zu meditieren, es bedarf einer vollständigen Verschmelzung damit. Im Laufe meines Zen-Trainings dachte ich andauernd an mein Kōan. Ob ich eine Zigarette anzündete, Wasser trank oder sonst etwas tat, immer trat das Kōan in mein Bewusstsein. Es war in meinem Geiste immer gegenwärtig. Doch wenn man an ein Kōan denkt, denkt man nicht mit dem Gehirn darüber nach, man *ist* es. Man versetzt sich ganz und gar in das Wesen des Kōans. Wenn man sich z.B. mit Hakuins Frage «Was ist das Geräusch der einen Hand?» beschäftigt, muss man sich in die Geisteshaltung von Hakuin versetzen. Man versetzt sich in «Hakuins eine Hand» und wird sie selbst. Dann, wenn man ganz und gar, mit Haut und Haar und Knochen in dieser einen Hand aufgegangen ist und die Hand zu einem selbst geworden ist, dann versteht man Hakuins grosses Herz; es ist der grenzenlose Ozean, leer wie der Himmel. Nun ist das Kōan «durchschritten»; die Barriere ist weg, und damit auch das Kōan. Das, worüber man vorher lange nachgedacht und meditiert hat, wurde zum aktuellen Erleben. Worte können es nicht ausdrücken. Zurück bleibt nur ein Gefühl der Erlösung und Leichtigkeit. Es ist wie mit Zahnweh. Solange der Zahn schmerzt, läuft man Amok, sobald der Schmerz weg ist, fragt man sich: «Was war denn das?»

Wenn der Geist im Kontakt mit den alltäglichen Geschehnissen nicht von Erinnerungen beeinflusst wird und seine Leerheit ohne eine Vorstellung von Leerheit manifestiert, dann ist das Ziel der Kōan-Schulung erreicht. Dann ist der Mensch zu seinem eigenen wahren Wesen – dem Buddha-Wissen – erwacht. Als nächstes gilt es, in diesem wachen Zustand zu leben.

Der systematische Buddhismus unterscheidet vier Stadien in diesem Erwachen: Erstens das Bekanntwerden mit der Lehre des Erwachens, zweitens die Initiation in den wachen Zustand, drittens das Realisieren dieses Zustandes und viertens das aktuelle Leben darin.

Zuerst muss man mit dem Buddha-Wissen, das im Grunde das eigene, vergessene Wissen ist, bekannt gemacht werden. Dies geschieht gerade jetzt, indem ihr mir zuhört und dem Strom der Darlegung folgt. Ich spreche zu euch über die Theorien und Lehren des Buddhismus, um euch zu zeigen, wie das Gedankengut des Buddhismus von Generation zu Generation überliefert wurde. Die 5048 Sutras enthalten nichts anderes als die Einführung in den wachen Zustand. Nach der Einführung durch die Schriften kommt die Initiation durch einen persönlichen Lehrer.

In unserer Schule des Rinzai-Zen beginnt die Initiation damit, dass man vom Lehrer ein Kōan bekommt und dieses zu einem Meditationsinhalt macht. Das Kōan wirkt in diesem Fall als Brücke vom Nichtwissen zum Wissen. Es gibt sehr viele Kōans im Zen. Das bekannteste lautet: «Was ist dein Urwesen vor Vater und Mutter?» «Vor Vater und Mutter» bedeutet hier: Der Zustand vor aller Zweiteilung des Bewusstseins.

Das dritte Stadium besteht darin, dass man das, was man im wachen Zustand weiss oder «sieht», in sich selbst wahrhaftig erfährt. Wenn man durch tiefe Meditation, mit oder ohne Hilfe eines Kōans, vollständig ans Ende kommt, wo man kein Wort sagen und nichts denken kann, fühlt man, dass der eigene Körper das ganze Universum ausfüllt. Die absolute, lebendige, leere Natur ist der eigene Herzschlag, der eigene Geist, die eigenen Gefühle; sie formt den eigenen Körper. Ich und Universum sind nicht zwei verschiedene Dinge. In diesem Zustand der wachen Einheit verliert die materielle Welt ihre Bedeutung, weil der Geist vollständig von den fünf Sinnen losgelöst ist.

Das ist aber nicht das Ende. Der letzte erreichbare Zustand ist das aktuelle Leben im erwachten Buddha-Wissen. Dieses Kōan wird einem nicht vom Zen-Lehrer gegeben, es ist das

Leben selbst. Wer in der Buddha-Weisheit lebt, weiss schon in dieser Welt, was Nirvana ist. Jegliche Sorge um das eigene Wohl ist weg, man lebt als Kind der grossen Natur. Der Geist haftet an keinem Gedanken und an keinem Ding der Aussenwelt. Er nimmt alles als lebendige Manifestation des wahren Lebens wahr. Getragen vom ganzen Universum, akzeptiert er das weltliche Leben als Nahrung für seine eigene stille Glückseligkeit.

Im Zen geht es also darum, die formlose Wirklichkeit (Leere) und ihre Form gleichzeitig zu sehen bzw. zu sein. Das ist im Alltag gelebte Erleuchtung. Deshalb legen die Zen-Meister so viel Wert auf die Übereinstimmung von Meditation und Handlung. Meditation folgt der Kraft der Sammlung und das Handeln folgt der Kraft der Ausdehnung. Beide Bewegungen zusammen bilden die vollständige Wirklichkeit des Menschen.

Die Zen-Kōans haben die Kraft, die sich ständig erneuenden, dem Geist anhaftenden Gedanken zu vertreiben und damit Konflikte zu beseitigen. Dies gelingt nicht von einem Tag auf den anderen. Doch nach und nach verbinden sich die verschiedenen Schichten des Bewusstseins zu einem einheitlichen, kristallklaren Bewusstseinszustand. Diese Einheit ist das Tor zur Klarsicht des universalen Bewusstseins. Auf diese Weise bringt man durch richtige Meditation alle Zweifel zum Schweigen. Es müssen aber restlos alle Illusionen, alle Geistesinhalte aufgelöst werden. Auch die Zen-Lehre und der Buddhismus gehören dazu. Auch sie sind Ideologien, auf die man sich stützt, und die dadurch zum Hindernis werden. Deshalb demontiert der Lehrer diese Ideologien ebenfalls – er akzeptiert keine philosophischen Betrachtungen eines Kōans, mögen sie noch so «richtig» sein – und lässt einen ohne Gegenargument und ohne Worte stehen; zurückgeworfen auf die eigene Realität mitten in der grossen weiten Welt.

So vom Zen-Meister in eine Ecke getrieben, wo man kein Wort sagen kann, versucht man sich zuerst in allerlei Ausflüchten und Gesten, doch schliesslich kann man nichts mehr machen. Man kann nicht in den Boden versinken oder in den Himmel hüpfen, um sich der Sache zu entziehen. Der Zen-Lehrer sorgt dafür, dass sämtliche Hüllen vernichtet werden, hinter denen sich die nackte Wahrheit verbirgt. Kommt jemand in eine Emotion «gekleidet», zerstört der Meister diese Emotion, erscheint jemand im Anzug der Vernunft, reisst er ihm die Vernunft vom Leibe. Er wirft jedes Wort, das man finden mag, weg, bis man schliesslich nackt dasteht. Wenn man auf diese Weise geistig ans Ende kommt, bleibt einem nichts anderes übrig, als aufzugeben. Dies ist aber nicht zu verwechseln mit dem, was ihr in eurer Psychologie Regression nennt. Man fällt nicht in den Urzustand eines hilflosen Babys zurück, sondern kehrt zurück zur Quelle des Bewusstseins. Man gibt seine Meinungen und Überzeugungen allesamt auf und lässt sich in den Abgrund des «Nichts-mehr-Wissens» und «Nichts-mehr-Wollens» fallen. Dies mag sich wie ein Sturz in den Tod anfühlen, aber es könnte die Geburt in den erwachten Zustand sein. Das wirkliche, – nicht nur eingebildete – Ende allen Denkens ist das, was der Buddha Nirvana nannte. Und dann findet man langsam seine Finger und Zehen wieder und kehrt zu Frau oder Mann und nach Hause zurück. Ich habe dies immer wieder erfahren während meiner Zen-Schulung.

Als ich von meinem Lehrer das erste Kōan bekam, wanderte ich anschliessend um den See Shinobazu. Dieser ist nicht sehr gross; es dauert ungefähr eine Stunde, ihn zu umrunden. Ich weiss nicht, wie oft ich ihn an jenem Tag umging. Ich dachte an gar nichts anderes, als an das Kōan. Ich hämmert auf meinem Geist herum, versuchte ihn auszupressen, kochte ihn ein, analysierte ihn und machte ihn kleiner und kleiner, bis er schliesslich verschwand. Und dann – «Oh» – fiel mir die Antwort plötzlich zu. Auch später war es immer wieder so: Man strengt den Geist bis aufs Letzte an, gibt schliesslich auf und – «Oh» – beginnt zu leben. Das ist das echte religiöse Gefühl. Man verehrt staunend das ganze Universum, die ganze Welt und bringt sich selber zum Schoss der universalen Natur zurück. Das ist unsere Mutter. Nun wird man von der universalen Liebe der Natur getragen und genährt.

Die Voraussetzung dafür, dass ein Kōan überhaupt wirken kann, ist vollkommene innere Stille. Zuerst muss man den Geist völlig entleeren und im reinen Zazen – Samadhi – ruhen. Dann, in dieser wachen Stille das Kōan betrachtend, blitzt seine Essenz ganz plötzlich in einem auf. Aber nur wenn dieses unmittelbare Verstehen mit einem deckungsgleichen spontanen Handeln einhergeht, hat ein Kōan befreiende Wirkung. Bleibt man im gedanklichen Verstehen stecken, führt es zu nichts.

Viele Zen-Schüler beantworten ein Kōan ohne es zu merken oder sie vergessen es nach kurzer Zeit. Wenn euch dies geschieht, rührt es daher, dass ihr noch keinen wirklichen Boden unter den Füssen habt. In diesem Fall ist eure Klarsicht nur von kurzer Dauer, und schon fallt ihr zurück in den gewöhnlichen, menschlichen Zustand. Ihr seid wie Kinder, die an der Hand der Mutter ihre ersten Schritte machen. Sobald die Mutter eure Hand loslässt, plumpst ihr hin und könnt nicht wieder aufstehen. Dem sollte nicht so sein. Ihr solltet im Zustand der Klarsicht bleiben und alles von dort aus tun. Wenn sich Klarheit einstellt, sollt ihr sie nicht loslassen, nicht davor wegrennen, sondern darin bleiben. Ich mache euch keinen Vorwurf, aber es ist nötig, dass ihr euch anstrengt. Ich weiss, dass es keine leichte Sache ist, zur Erleuchtung zu kommen.

※

Die Kōans sind dazu da, alle Illusionen, alle Geistesinhalte zu zerstören. Auch Buddhismus und Zen sind zuerst nur Ideologien, auf die man sich stützt. Doch dann zerstört der Lehrer auch diese Ideologien.

Als Buddhisten versuchen wir, uns Buddhas Klarsicht zu Eigen zu machen. Darin gibt es keinen Platz für Meinungen und Spekulationen. Durch jedes einzelne Kōan kommt man diesem Ziel etwas näher. Wenn ihr aber bei einem Kōan auf einer bestimmten Ansicht verharrt, ist eure Sicht nicht klar.

Wenn man ein Kōan philosophisch angeht, endet man in einer Sackgasse. Doch wenn man innerlich rückwärts geht, mit dem Gesicht zur Aussenwelt, Schritt für Schritt, und sich vom großen Universum einhüllen lässt, dann findet man zu seinem Ursprung zurück. So kann man das eigene Bewusstsein erkennen. Wie weit könnt ihr zurückgehen? Wie tief könnt ihr meditieren?

Man muss die existentielle Frage, die im Kōan enthalten ist, mittels der Samadhi-Kraft auflösen und nicht mit der Kraft des Denkens. Nur so kann man die Antwort vor den Augen des Lehrers deutlich zeigen.

Wenn Zen-Schüler viele verschiedene Kōans beantworten, ohne dass sich bei ihnen etwas ändert, kommt das daher, dass sie nicht geübt sind, im Samadhi zu bleiben. Ein Kōan nach dem anderen zu beantworten oder zu lösen, wie ein Blinder, der auf einen Hundedreck tritt, bewirkt natürlich keine Wunder.

21

Leben und Tod

Die Frage von Leben und Tod und Erleuchtung sind sehr eng mit einander verknüpft. Der Mensch sollte zur Erleuchtung kommen und wissen, was Tod ist und was Leben. Es ist absurd, zu behaupten, man könne nicht wissen, was beim Sterben geschieht. Ihr sollt es ganz genau wissen! Nach einem Leben von vielen Jahren sollte man nicht wie ein Hund oder eine Katze sterben.

Der Körper ist die äussere Form des Lebens, bestehend aus den vier grossen Elementen: Erde, Wasser, Feuer, Luft. Wenn man stirbt, kehrt das Fleisch zur Erde zurück, das Blut zum Wasser, die Körperwärme zum Feuer, der Atem zur Luft. So löst sich der Körper auf. Dies wissen wir recht gut. Aber nicht nur die Bestandteile der äusseren Form, auch die des inneren Bewusstseins müssen irgendwohin zurückkehren. Wohin kehrt all dies zurück, was unser Bewusstsein formt? Dies wissen wir nicht so genau, nicht wahr? Wohin werden unsere Gedanken zurückkehren? Wohin geht all das Wissen, welches wir uns im Laufe des Lebens angeeignet haben? Wir lieben und hassen und haben viele Erinnerungen. Was geschieht damit, wenn wir sterben? Wird all dies brutal zerstört oder geht es weiter?

Für einen sterbenden Menschen verschwindet zuerst die äussere Welt, dann verschwindet er selbst aus seinem Bewusstsein und schliesslich verschwindet das Bewusstsein überhaupt. Es kehrt mitsamt seinen Erinnerungen zurück in den Ozean von Nirvana. Alle Dinge, die schönen wie die hässlichen, die guten wie die schlechten, gehen dort zu

Ende. Aber was ist Nirvana? Ihr braucht nicht bis zum Ende eures Lebens zu warten, um im Innersten eures Geistes Nirvana zu finden. Ihr sollt dies verstehen, solange ihr noch lebt. Dann werdet ihr im Moment eures Todes nicht zweifeln und nicht versuchen, euch am Bettrand oder an der Hand eines anderen Menschen festzuhalten.

Wenn das Ende naht, könnt ihr nicht sagen: «Warte ein wenig, ich muss dieses Problem erst noch lösen.» Dann bleibt euch nichts anderes übrig, als die Augen zu schliessen, den letzten Atemzug zu machen und «Adieu» zu sagen. Dann habt ihr keine Zeit und vermutlich auch keine Kraft mehr, über Leben und Tod nachzudenken.

Geht nach Hause und meditiert! Schaut in euren eigenes fundamentales Wissen hinein! Benutzt es! Es ist nicht in Büchern zu finden, und es ist nicht nötig, andere zu fragen. Ihr habt eure eigene, ursprüngliche, transzendente Weisheit! Geht nach Hause und setzt euch auf die Weisheit wie auf ein Sitzkissen.

Es gibt zahlreiche Kōans, die den Tod zum Thema haben. Das bekannteste lautet «Wenn sich die vier grossen Elemente trennen, wohin gehst du?» Ja, wohin gehst du – deine Identität – nach deinem Tod? Das ist eine grosse Frage. Um sie zu beantworten, muss man zuerst wissen, wo man jetzt ist.

Ein anderes grosses Kōan in diesem Zusammenhang lautet: «Wie kannst du dich im Moment des Todes vom Leiden befreien?» – Dein Leben kommt zu Ende. Deine Hände können noch tasten, und du kannst die Stimme deiner Tochter noch schwach hören, aber du kannst diese nicht mehr sehen und hast nicht mehr die Kraft, ihre Worte zu verstehen. Du bist zu schwach, um Wasser oder Medizin zu schlucken. Dieser letzte Moment des Lebens enthält manchmal schreckliches Leiden. Du kannst nicht mehr sprechen, aber dein Geist wird immer noch vom Leiden wach gehalten. Wie kannst du diesem entfliehen?

Die buddhistische Überlieferung kennt eine Erzählung von einem Laienanhänger Buddhas namens Vakkali, der an einer sehr schmerzhaften Erkrankung litt. Gemäss der heutigen Erkenntnis könnte es sich um Magenkrebs gehandelt haben. Er konnte nichts zu sich nehmen, denn sobald er etwas ass, brachten ihn die Schmerzen beinahe um den Verstand. In seiner Verzweiflung beschloss er, seinem Leiden durch Selbstmord ein Ende zu bereiten und bat darum, vorher noch einmal den Buddha zu sehen. Der Buddha besuchte ihn an seinem Krankenbett und sprach mit ihm über die eigentlichen Ursachen des Leidens, nämlich das Haften an der Körperlichkeit bzw. die Identifikation damit. Er sagte: «Erfasse den wahren ichlosen Zustand. Trete in das Zentrum deines eigenen Bewusstseins ein. Damit gelangst du in den Zustand der wahren Leerheit. Wenn du das Geschehen aus dieser grenzenlosen Mitte, losgelöst von deinem persönlichen Ich betrachtest, wirst du erkennen, dass dein Leiden nicht Leiden ist, und Leiden nicht dein persönliches Leiden.»

Aus der Sicht des Buddha ist das Ich des gewöhnlich denkenden Menschen illusorisch. Im Zustand von Nirvana, wo nur das einzige, allumfassende Gewahrsein vorhanden ist, wird alles zum Ich. Wir wissen, dass dies dann nicht «mein» Ich ist, sondern Buddha. Natürlich meinen wir nicht Shakyamuni Buddha. Im Nirvana sind alle Ideen und Vorstellungen ausgelöscht, auch die Namen «Buddha» und «Ich». Wo ist dann das Leiden? Der Körper tut weh. Wem gehört der Schmerz? Im letzten Moment, in der Todesangst, wo ist die Qual? Man kann sie nirgends finden, wenn man wirklich im Zustand von Nirvana ist.

Aber Vakkali sagte zu Buddha: «Ich habe eure Lehre über das Leiden oft gehört, doch bitte, sagt mir, wie ich diesem Schmerz entfliehen kann.» Mit dieser Frage zeigte Vakkali, dass er Buddhas Lehre noch nicht verstanden hatte. Es gab auch unter Buddhas Schülern viele, die zwar durch die Meditation einen gewissen Einblick in die Wirklichkeit gewonnen hatten, aber trotzdem noch falsche Ansichten in sich trugen. Eine der häufigsten, auch heute noch weitverbreitete, ist die Meinung, weil alles veränderlich ist, sei alles auch wertlos oder nicht existent. Wer so denkt, hat eine negative, weltverneinende Haltung. Wer eine negative Haltung hat, versucht dem Leben und dem Leiden zu entfliehen. Er hält das, was er sich unter Jenseits, Leerheit oder Nirvana vorstellt – nämlich ein Zustand der ewigen Dunkelheit, ewigen Bewegungslosigkeit, ewigen Stille – für die tatsächliche Wirklichkeit, die es anzustreben und zu realisieren gibt. Diese einseitige Ansicht ist falsch. Wer in die wahre Wirklichkeit eintritt, erkennt, dass Stillstand nur eine Vorstellung ist. Es gibt kein solches Ende.

Auch Vakkali glaubte, er könne vom körperlichen Leiden wegrennen und Erlösung im Jenseits finden. Er sagte zu Buddha: «Wenn Ihr erlaubt, werde ich mir mit meinem Dolch die Kehle durchschneiden und diesen vergänglichen Körper verlassen.» Darauf sagte der Buddha nichts mehr, drehte sich um und kehrte zu seinem Aufenthaltsort auf dem Geierberg zurück.

In der folgenden Nacht stiess sich Vakkali den Dolch in den schmerzenden Leib und starb. Am nächsten Morgen forderte der Buddha einige seiner Jünger auf, mit ihm den Berg hinunter zu steigen, um nach Vakkali zu schauen. Er informierte sie über Vakkalis Versuch, sich selbst vom Leiden zu befreien. Als sie seinen Körper im Blut gebadet vorfanden, wandten sie sich mit Entsetzen ab. Die Jünger fürchteten sich vor der Leiche und standen unschlüssig umher. Keiner wagte es, näherzutreten. Einer fragte den Buddha: «Wo ist sein Bewusstsein jetzt?» Der Buddha antwortete: «Er tötete sein Bewusstsein mit seinem Dolch.»

Die ganze Erzählung gipfelt in dieser Aussage: «Er tötete sein Bewusstsein mit seinem Dolch. Es lebt nicht mehr.» Vakkali hatte Selbstmord begangen, bevor er die wahre Freiheit vom Leiden gefunden hatte. Sein Verständnis von Buddhas Lehre ging so weit, das Bewusstsein als die Grundlage der Befreiung zu erkennen. Doch wessen Bewusstsein ist es?

Anfänger, die ein erstes Verständnis des Buddhismus gewonnen haben, klopfen sich auf die Brust und sagen: «Das ist das Zentrum, alles kommt von hier aus.» Doch was bedeutet das? Vakkali nahm seinen Dolch, stach sich in die Brust und starb. Glaubte er vielleicht, sein Bewusstsein sei in seinem Herzen lokalisiert und könne befreit werden, indem er den Körper tötet? Das individuell geprägte Bewusstsein, das uns Menschen zueigen ist – und das jeder in seiner Unwissenheit für eine unabhängige, nur zu ihm gehörende Existenz, ein Ich, hält – ist nichts ewig Währendes. Es erscheint und vergeht mit der körperlichen Existenz. Es ist nicht die Urnatur, aber die Brücke dazu. Denn nur dank diesem Bewusstsein ist es uns Menschen möglich, unser Leben wahrzunehmen, zu analysieren und das Vorhandensein der nicht bedingten, absoluten Wirklichkeit zu entdecken. Ohne dieses Bewusstsein würden wir in der Dunkelheit der Unbewusstheit verharren und hätten keine Chance, die überpersönliche Wirklichkeit zu erfahren. Und damit auch keine Erlösung. Denn nur in der bedingungslosen Annahme der Wirklichkeit endet das Leiden. Man muss sich von allen ichhaften Verwicklungen und Wünschen vollständig trennen. Dann kommt der Geist in seinen Urzustand. Und dieser stirbt nicht.

Wenn ein wissender, von seinem Ich befreiter Mensch im Moment seines Todes in das bodenlose Nichts hineingeht, betritt er Nirvana. Es gibt keine Hindernisse in seinem Geist. Doch wenn man im Moment des Todes von seinem Bewusstsein abhängig ist und daran haftet, dann schreckt man vor der bodenlosen Leere zurück.

Viele erleben dies auch während der Meditation, wenn sie plötzlich vor der bodenlosen Weite stehen. Sie haben Angst und denken, sie würden sterben, wenn sie sich diesem bodenlosen Nichts überliessen. Jedermann, der glaubt, das unsterbliche Zentrum sei sein eigenes Bewusstsein, begegnet dieser Angst, wenn er stirbt. Auch Vakkali hoffte, dass er seinen Körper im vollen Besitz dieses Bewusstsein verlassen könne. Also tötete er sich selbst, um sein Bewusstsein zu behalten und mit ihm in einen anderen Körper zu gehen. Das war sein Fehler. Er zerstörte mit seiner Willenskraft nicht nur seinen Körper, sondern auch sein Bewusstsein. Er dachte, er könne dem Leiden entfliehen, doch er war tot, bevor er Nirvana d.h. die Befreiung von sich selbst, erreicht hatte.

Bevor der Buddha starb, legte er sich hin und bat Ananda, ihn zu massieren. Denn er hatte starke Schmerzen und erlitt grosse Qual. Sein Tod war ein menschlicher Tod. Viele buddhistische Mönche sind auf spektakuläre Art und Weise gestorben, weil sie etwas Besonderes sein wollten. Doch der Buddha starb einen ausgezeichneten Tod.

Der Tod eines Bekannten ist eine gute Gelegenheit, um zu meditieren und die Bedeutung des Todes verstehen zu lernen. Wer auch nur ein wenig Vernunft besitzt, muss in Bezug auf Geburt und Tod zu irgendeinem

Schluss kommen. In einem solchen Moment zeigt sich, wie tief oder wie oberflächlich sein Denken ist.

Wenn der Geist nicht im Zustand von Nirvana ist, geht er beim Tod mitsamt der schlafenden Weisheit in die Dunkelheit der Unwissenheit ein.

In der Sicht der erwachten Weisheit gibt es nichts, das geboren wird, und nichts, das stirbt. Leben und Tod scheinen nur aus dem Blickwinkel derjenigen Menschen real, die das Leben mit der körperlich-materiellen Existenz gleichsetzen. Wirkliches Leben geht weit über die Körperlichkeit hinaus. In ihm gibt es kein Leben und keinen Tod.

Wenn jemand stirbt, geht nichts verloren aus der Welt, und wenn jemand geboren wird, wird nichts zugefügt.

Um Leben und Tod wirklich zu überwinden und echte Unsterblichkeit zu erfahren, muss man alle falschen Ansichten zerstören. Besonders schwierig ist es, die Ideen von ewiger Stille, ewigem Frieden und einem Ich, das dies alles erleben kann, wegzuwerfen.

Wir verkörpern uns täglich in vielen Dingen; wir kleben am Leben und hassen den Tod. Aber im reinen Gewahrsein gibt es keinen Unterschied zwischen Leben und Tod. Es gibt nur das, was ist. Der gegenwärtige Augenblick wird weder geboren noch stirbt er.

Denke nicht, Gott werde dir eines Tages alle Fragen beantworten. Gott gab dir dieses Gehirn, um es zu benutzen. Wenn man die Fragen des Lebens nicht in diesem Leben löst, wird man sie auch im Tod nicht lösen!

Dilettanten meinen, der Tod sei der Zustand der absoluten Vernichtung, weil sie den Urzustand ihres eigenen Geistes nicht kennen, in dem es weder Bewegung noch Ruhe gibt, weder kommen noch gehen.

Ein Tropfen Wasser ist ein Tropfen Wasser. Wenn er ins Meer fällt, ist er dies nicht mehr. Er ist das Meer. Das Ich ist wie der Tropfen. Beim Tod fällt es ins Meer des Bewusstseins, Leerheit genannt. Kein Ich bleibt zurück.

Vom geistigen Standpunkt aus, enthält der Augenblick des Todes grosse Aussagekraft und Schönheit. Konfuzius sagte: "Höre die Worte eines sterbenden Vogels. Sie sind wunderbar!" Nur ein grosser Mensch sieht diese Schönheit, ein kleiner nicht. Der nimmt nicht einmal seinen Hut vom Kopf, wenn sein Nachbar auf dem Schlachtfeld stirbt.

22

Mut zum Zweifel

Alle Lebewesen haben von Natur aus Weisheit in sich. Selbst mitten im grössten Zweifel, wenn man nicht weiss, was man tun soll, flüstert sie einem zu. Doch man hört nicht hin. Erst wenn man mit Demut und Bescheidenheit in den ichlosen Zustand eintritt, kann man die Stimme der Weisheit hören. Dann kommt alles in Ordnung und die ursprüngliche Leuchtkraft des Geistes stellt sich ein.

Als ich jung war, litt ich an der Krankheit des Zweifelns. Deswegen konnte ich weder richtig lesen noch lernen noch essen. Ich war kränklich und bleich. Man nannte mich «Heuschrecken-Bein». Ich musste etwas gegen dieses Leiden unternehmen.

Ausserdem war ich ein eingebildeter Junge, der dachte, es gebe niemanden auf der Welt wie er. Erst im Alter von 26 Jahren kam ich in eine Welt mit etwas Sonnenschein, wo ich gerne ins Freie ging und mich mit Freunden traf. Vorher war ich schlecht gelaunt und aufbrausend. Ich hatte wirklich das Gefühl, das Elend der ganzen Welt sei in meinem Kopf versammelt, und entbehrte jeder Freude. Wenn es mir nicht gelang, mein Kōan innerhalb eines Monats zu lösen, wurde ich depressiv. Oft fragte ich mich, wie Leben überhaupt möglich sei und was nach dem Tode geschehen würde. Ich hörte die Worte Wiedergeburt, Karma, Seelenwanderung – alles nur Worte! Himmel und Erde – bloss Worte. Götter und Engel – bloss Worte! Könnte ich bis zum Tode an solche Dinge glauben? Das Leben kann doch keine derartige Lüge sein. Ich hatte diese fünf Sinne, aber was würde daraus nach dem Tod? Was würde bleiben, was würde verschwinden? Was ist Liebe? Was ist Tod? So viele Fragen!

Dann begann ich mit der Untersuchung. Mit grosser Entschlossenheit setzte ich mich hin, breitete meinen Geist vor mir vollständig aus, von einer Ecke zur anderen, und durchsuchte ihn gründlich. Es war wie das Schälen einer Orange. Ich war sehr genau, es war äusserst mühsam. Sollte ich keine Antworten für meine quälenden Zweifel finden, schien mir das Leben nicht lebenswert. Ich musste mit mir in Ordnung kommen und die Sache lösen, koste es was es wolle. Es konnte einfach nicht so weitergehen. Es war, wie wenn am Ende des Monats die Buchhaltung nicht stimmt. Wenn man den Fehler nicht findet, kann man nicht schlafen. – Auf diese Weise löste ich meine Zweifel auf.

Meine eigene Erfahrung und die Erfahrung anderer lehrte mich: Ein Mensch, der mit sich selbst ehrlich ist, wird Frieden finden. Denn ein ehrlicher Mensch schiebt seine Zweifel nicht einfach weg, sondern denkt tief darüber nach. Er gräbt in sich hinein, bis er am Grund seiner Konflikte ist, und wird fertig damit. Wer jedoch bloss mit den Achseln zuckt und sich weigert, über die Dinge nachzudenken, findet keinen Halt. In schwierigen Situationen verliert er den Verstand und die Nerven. Er gerät in Panik und kann sich nicht auf sich selbst verlassen. Er eignet sich da und dort Wissen an, doch er weiss gar nichts.

Die Lebensfragen sind sehr wichtig. Man muss tief darüber nachdenken, nicht um anderer willen, sondern für sich selbst. Andernfalls bleibt alles beim Alten und man verpasst eine Chance.

Tragt eure eigenen Fragen nicht Jahre lang mit euch herum. Beschäftigt euch damit, kocht sie ein, bis alles klar und ganz deutlich wird. Dann, wenn es keinen Zweifel mehr gibt, wacht man auf. Dieses Aufwachen ist das Ziel.

Zen betritt man mit Zweifeln und Fragen. Erst wenn die Zweifel besiegt sind, kann man im Vertrauen leben.

Es ist nicht möglich, vollkommen gegenwärtig zu sein, wenn ein Zweifel an einem nagt, sei er metaphysischer Natur oder nicht. Sobald Fragen auftauchen wie z.B.: «Was war ich vor meiner Geburt? Wo werde ich hingehen, wenn ich sterbe?», kann man sich nicht auf den gegenwärtigen Augenblick einlassen.

Im Moment des Sterbens sollte euer Geist keinen Zweifel, keine Reue, keine Frage haben. Er sollte kristallklar und entschlossen sein und nicht schwanken.

Um alle Zweifel und Vorstellungen auszuräumen, müsst ihr eure Urnatur finden.

Wenn sich in stiller Meditation der Geist in alle Richtungen ausdehnt, kann man die Wurzel aller Konflikte sehen und zur Auflösung führen. Nicht durch Gewalt, sondern durch Einsicht.

23

Die Drei Aspekte des Seins

Zu Beginn unserer Zusammenkünfte sagen wir immer: «Ich nehme Zuflucht zu Buddha, ich nehme Zuflucht zum Dharma, ich nehme Zuflucht zur Sangha.» Diese dreifache Zufluchtnahme bezieht sich auf das Konzept von den drei Körpern Buddhas. Es handelt sich dabei nicht um drei verschiedene Körper eines göttlichen Wesens, sondern um drei Aspekte unseres Bewusstseins.

Was den Christen der dreieinige Gott ist – Vater, Sohn und heiliger Geist – ist den Buddhisten das dreieinige Bewusstsein. Sie nennen es den dreieinigen Körper Buddhas, auf Sanskrit Buddhatrikāya. Die drei Körper heissen Dharmakāya, Sambhogakāya, Nirmanakāya. «Kāya» bedeutet «Körper». Die Lehre von diesen drei Körpern, die Trikāya-Lehre, wird von allen Gelehrten, die sich mit dem Buddhismus beschäftigen, erwähnt. Seit ich hier in Amerika bin, habe ich viele Bücher durchstöbert, aber es ist mir nicht gelungen, eine Erklärung der drei Körper zu finden, die von der Erfahrung spricht und nicht bloss von der Philosophie. Doch Buddhas Lehre kann nur dann als Grundlage für das Verstehen der eigenen Existenz wirken, wenn sie über die philosophische Betrachtung hinausgeht und zur eigenen Erfahrung wird. Deshalb ist es wichtig, das, was hinter den Begriffen steht, zu erfassen.

Dharmakāya bedeutet «Gesetz-Körper». Dharma bezeichnet hier die fundamentale Basis aller Lebenserscheinungen, das grosse Naturgesetz, das alle materiellen und geistigen Erscheinungen durchdringt. Shakyamuni wurde Buddha genannt, weil er das Wirken dieses Gesetzes in sich selbst entdeckte und nicht in irgendeiner übermenschlichen, transzendenten Autorität. Da er sein Leben lang über nichts anderes sprach als über diese Erkenntnis, wird seine Lehre Dharma genannt.

Der physische Körper von Buddha wurde vor langer Zeit verbrannt und in alle Richtungen verstreut. Aber seine Gedanken, seine Worte, die ganze Weisheit eines Buddhas, existieren weiterhin. Das erleuchtete Bewusstsein, das jenen Menschen, der vor mehr als 2500 Jahren in Nordindien lebte, durchdrungen hatte, ist zu allen Zeiten gegenwärtig. Dieser Buddha, dieses Bewusstsein, ist sehr lebendig, und sein wirklicher Körper befindet sich überall. Sobald wir unser inneres Auge dafür öffnen, können wir ihn sehen bzw. fühlen. Diese Allgegenwart von Buddhas Geist ist der Dharmakāya, und das erkennende Gewahrsein, das damit in Kontakt tritt, ist das sogenannte Dharma-Auge.

Wenn wir Zuflucht nehmen zu Buddha, bedeutet dies also, dass wir uns hinwenden zum allgegenwärtigen, vollkommen wachen Bewusstsein, dem reinen Gewahrsein, das unabhängig von Zeit und Raum besteht.

Zufluchtnahme zum Dharma heisst, dein Danken und Tun nach dem grundlegenden, absoluten Gesetz, dem alle Existenz gehorcht, auszurichten. Warum nenne ich das Gesetz absolut? Weil das fundamentale Lebensprinzip durch keine Formeln, keine Worte, keine Symbole und keine Sinnbilder ausgedrückt werden kann. Unser menschliches Bewusstsein ist nicht in der Lage, es zu durchschauen. Es ist das Bewusstsein, das sich selbst nicht wahrnehmen kann, weil es nicht in Objekt und Subjekt aufgeteilt ist. An ihm scheitern alle menschlichen Fragen nach dem letztendlichen «Warum?», «Wozu?» und «Wer?»

Shakyamuni Buddha erwachte unter dem Bodhibaum in dieses Bewusstsein hinein und dachte, es würde ihm niemals möglich sein, darüber zu sprechen, und deshalb wäre es besser, sofort ins Nirvana einzutreten. Gemäss der Überlieferung erschien der Gott Brahma und flehte in an, dies nicht zu tun. Er bat den Buddha, in der Welt zu bleiben, um den Menschen die Wahrheit der letztendlichen Wirklichkeit zu verkünden, damit auch sie zur Erleuchtung kommen können. Was Shakyamuni dann auch tat. Deshalb bedeutet die Zufluchtnahme zu Buddha für uns Buddhisten auch, uns im täglichen Leben an die Dharma-Lehre von Buddha zu halten.

Dharmakāya ist gewissermassen der geistige Körper der Natur; die fundamentale Wirklichkeit, das undenkbare, namenlose Prinzip, das alles Leben hervorbringt. Die Chinesen nennen es Tao. Natürlich kann man über diese Begriffe philosophisch diskutieren, aber auch wenn die Philosophen das Leben vollständig erklären würden, können sie seine wirkende Essenz nicht enthüllen. Auch Immanuel Kant sagte, die letztendliche Wirklichkeit sei nicht demonstrierbar. Heilige begegnen sich dort, aber, obwohl sie ES kennen, können sie ES nicht erklären. Deshalb sagen die christlichen Lehrer, man solle daran glauben, ohne es vernünftig erklären oder darüber diskutieren zu wollen. Nur der Glaube führe zu IHM. Wir Buddhisten benutzen statt Glaube das Wort Meditation. Wir sagen: «Finde ES durch Meditation». Diese Art der Meditation ist ohne Ideen, ohne Visualisationen, ohne Symbole. Da existiert nur die reine, transparente Essenz des Geistes. Dieser klare, reine Geist ist der Dharmakāya.

Es gibt eine Geschichte von einem Mönch, der seinen Lehrer fragte: «Was heisst Dharma ganz genau, und was bedeutet Dharmakāya?» Der Lehrer sagte: «Heute Abend, wenn du deine Arbeit getan hast, werde ich es dir erklären.»

Der Mönch arbeitete den ganzen Tag lang hart zusammen mit den anderen Mönchen in freudiger Erwartung eines wundervollen Vortrages vom Meister über die höchste Wahrheit der letztendlichen, alles umfassenden Wirklichkeit. Der Abend kam. Die Mönche wuschen sich die Füsse und begaben sich in den Tempel. Der Meister – auch er hatte den ganzen Tag über hart gearbeitet – nahm seinen Sitz ein und forderte den Mönch auf, seine Frage zu wiederholen. «Bitte Meister, erklären Sie uns die wahre Bedeutung von Dharma.» Der Meister öffnete seine Arme weit und lächelte. Das war alles. Kein Wort! – Findet ihr dies seltsam? Es ist überhaupt nicht seltsam, wenn man mit dem inneren Auge schaut.

Soviel zum ersten Körper Buddhas, dem ersten Aspekt der Natur aller Existenz.

Der zweite Körper heisst Sambhogakāya. Das ist unser angeborenes Bewusstsein. Nicht unser persönliches, individuelles Bewusstsein, sondern das Bewusstsein, das wir mit allen Lebewesen gemeinsam haben. Wir brauchen kein Messgerät, um es nachzuweisen, wir wissen einfach, dass wir existieren. Wir haben dieses Gewahrsein, mit dem wir nach innen und nach aussen schauen und unsere Innen- und Aussenwelt beobachten können. Ihr habt es, ich habe es und es ist in allen dasselbe. Es ist unsere Buddha-Natur.

Ein europäischer Gelehrter übersetze Sambhogakāya als «Körper der Freude.» Aber das ist nicht korrekt. «Sambho» bedeutet zwar Freude, und dieses Bewusstsein erzeugt im Meditierenden eine Art Glücksgefühl (engl. bliss), weil das Gewahrsein der eigenen Geistesessenz mit einer tiefen Freude verbunden ist. Der Sambhogakāya ist aber kein Gefühl, keine Empfindung. Es ist das Bewusstsein, das uns in Kontakt bringt, mit allem, was existiert. Ich möchte es am liebsten als «Yoga» oder «Einheit» übersetzen. Es funktioniert als Bindeglied zwischen dem Innen und dem Aussen. Mit «Innen» meine ich hier die formlose, sinnlich nicht erfassbare Wirklichkeit, Dharmakāya, und mit «Aussen» alles, was wir mit unseren Sinnen wahrnehmen. Ohne die Aussenwelt gibt es keine Sinnesorgane, ohne Sinnesorgane gibt es kein Bewusstsein. Dieses Gesetz lässt sich sehr leicht nachprüfen.

Die Aussenwelt zeigt sich uns in unendlich vielen Formen. Sie kommen und gehen und verändern sich andauernd. Dieser veränderliche Aspekt der Existenz ist der Nirmanakāya. Nirmanakāya heisst «Wandlungskörper». So, wie Wasser gleichzeitig viele Formen annehmen kann, und so, wie das weisse Licht sämtliche Farben entstehen lässt, so wandelt sich die einheitliche Lebenskraft in zahllose verschiedene Lebensformen. Das einheitliche, fundamentale Bewusstsein, Sambhogakāya, wandelt sich in das Bewusstsein von Frau A und Frau U, von Herr X und Herr L. Es wird zum Bewusstsein von einem Metzger oder einem Kaiser, einem Vogel, einem Insekt und von allen anderen Lebewesen dieser Welt. Nun ist es bedingt und begrenzt, denn jeder individuelle Körper ist in seiner Ausdrucksfähigkeit begrenzt durch seine Form und seine Funktion.

Nirmanakāya ist wie eine Einbahnstrasse; man kann nur in eine Richtung fahren. Wenn man in die falsche Richtung fährt, ist es schlecht, fährt man in die richtige Richtung, ist es gut. Sambhogakāya ist wie die Wüste, wo man in alle Richtungen fahren kann; dort hat das Autofahren nichts mit Gut und Böse zu tun. Gut und schlecht und alle anderen relativen Werte haben nur im relativen Bewusstsein von Nirmanakāya Gültigkeit. Im Einheitsbewusstsein von Sambhogakāya existieren sie nicht.

Wir Menschen verbringen die meiste Zeit im Nirmanakāya, im relativen, veränderlichen Bewusstseinszustand.

Durch genaue Beobachtung und durch Abstandnahme von der eigenen Person werden wir uns des Sambhogakāya, des allgemeinen Seins, bewusst, und schliesslich entdecken wir vielleicht den Dharmakāya. In Wirklichkeit ist es umgekehrt: Der erste Körper, Dharmakāya, ist die Basis, die allgegenwärtige, reine, allmächtige, absolute Wirklichkeit. Aus ihr entsteht alles Leben und damit auch das allgemeine Bewusstsein, Sambhogakāya. Der dritte Körper, Nirmanakāya, der sich in viele individuellen Formen transformierende Geist, ist nichts anderes als der Dharmakāya selbst.

Da der Dharmakāya weder mit Hilfe der Sinne noch des Denkens vergegenständlicht werden kann, nennt man ihn auch «Nicht-Sein». Trotzdem existiert er. Aus ihm entsteht alles Sein, Sambhogakāya. Das Sein ist die Grundlage für das Da-Sein der Einzelwesen, Nirmanakāya.

Auf diese Weise sehen die Buddhisten in den drei Körpern das ganze Spektrum der Existenz. Sie nehmen Zuflucht zum Dharmakāya, dem allgegenwärtigen, unfassbaren Geist. Sie nehmen Zuflucht zum Sambhogakāya, dem Bewusstsein, das in alle Richtungen gleichzeitig strahlt. Sie nehmen Zuflucht zum Nirmanakāya, dem begrenzten und bedingten Körper unseres weltlichen Daseins.

Auch wenn wir Zuflucht nehmen zu Buddha, Dharma und Sangha vereinigen wir alle drei Aspekte in uns selbst.

Die Sangha ist das Leben in dieser Welt, die Gemeinschaft und Einheit aller Lebewesen. Dazu gehören nicht nur die anderen Menschen, Tiere und Pflanzen, sondern auch die Elemente Wasser, Feuer, Luft, Erde und all das, was wir nicht mit den Sinnen sehen können, das aber zum Leben gehört. Ohne das Dasein in unserem weltlichen Körper mit seinen Sinnen und seinem Bewusstsein könnten wir nichts wissen von unsere sichtbaren und unsichtbaren Existenz.

In der buddhistischen Symbolik werden die drei Körper oft als Bodhisattvas personifiziert. Bodhisattvas sind erleuchtete Wesen (Sattva), welche die erwachte Weisheit (Bodhi) zum Wohle aller Lebewesen einsetzen. Für Dharmakāya steht die kindliche Gestalt des Bodhisattva Manjushri. Im kindlichen Gemüt ist alle Weisheit vorhanden; sie äussert sich spontan, ist sich dessen jedoch nicht bewusst. Manjushris Attribut ist das Schwert der erleuchteten Weisheit, das alle Illusionen mit einem Schlag eliminiert.

Sambhogakāya wird durch den Bodhisattva Samantabhadra dargestellt. Dieser reitet auf einem weissen Elefanten mit sechs Zähnen. Der weisse Elefant steht für die Einheit, die sechs Zähne symbolisieren die sechs Sinne bzw. die damit verbundenen sechs Bewusstseinsarten. – Im Buddhismus wird neben den fünf Sinnen Augen, Ohren, Nase, Zunge, Haut auch das Gehirn mit seiner Denkfunktion zu den Sinnen gezählt. – Samantabhadra ist weder weiblich noch männlich und hat einen sehr offenen Gesichtsausdruck. Damit ist gesagt, dass dieses Bewusstsein nicht dualistisch ist. Es nimmt alles wie ein Spiegel auf, ohne es zu beurteilen oder zu bewerten.

Nirmanakāya wird durch eine Figur mit vielen Armen und Händen symbolisiert. Dieser Bodhisattva ist unter vielen Namen bekannt. Die bekanntesten sind Avalokiteshvara (Sanskrit), Chenresi, (Tibet) Kanzeon (Japan) oder Kuan Yin (China). Jede Hand hält ein anderes Werkzeug, und der ganze Körper ist mit Augen übersät. Mit dieser Darstellung wird die unendliche Wandlungsfähigkeit des Bewusstseins zum Ausdruck gebracht. Die Avalokiteshvara-Figuren scheinen manchmal weiblich, manchmal männlich und manchmal androgyn.

Ich will noch einmal mit aller Deutlichkeit darauf verweisen, dass es sich bei den drei Körpern Buddhas um abstrakte Ideen handelt, abstrahiert von unserer wirklichen Existenz. Denn um die einzelnen Aspekte unserer Existenz zu veranschaulichen, muss man sie gedanklich abstrahieren. Doch nachdem man die Einzelteile studiert hat, muss man sie wieder zusammenfügen, nur dann versteht man das Ganze. Ein dem Ozean entnommener Wassertropfen ist nicht der Ozean, ausser man bringt ihn dorthin zurück. Die Aussage «Aus dem Nicht-Sein (Dharmakāya) kommt das Sein (Sambhogakāya), aus dem Sein kommt das Dasein (Nirmanakāya)» ist nicht zeitlich und nicht linear aufzufassen. Nicht-Sein, Sein und Dasein, sind immer gleichzeitig präsent. Zusammen bilden sie unserer Existenz.

Das Ziel der Zen-Schule ist es, den Dharmakāya zu finden, was nichts anderes bedeutet, als zum Urgrund des Lebens durchzudringen. Es gilt, mit der Energie des Dharmakāya in Berührung zu kommen und dann – «Ah» – erkennt man sich selber. Ohne diese Erfahrung hat Zen keine sichere Basis und bleibt im dualistischen, gedanklichen Bereich.

Dharmakāya ist unfassbar. Aber unsere Intuition kennt ES.

Die ganze Schöpfung kommt aus dem Dharmakāya; das Nicht-Sein enthält alles Sein in sich.

Ich schliesse am Ende des Tages meine Augen und empfange Frieden, weil ich weiss, dass mein Dharmakāya nicht stirbt.

Anfänger glauben vielleicht, den Dharmakāya gefunden zu haben, wenn sie grösstmögliche Körper- und Geistesruhe erlebt haben. Doch dem ist nicht so, denn diese Ruhe ist abhängig vom materiellen Körper. Der materielle Körper ist jedoch nicht Dharmakāya, sondern Nirmanakāya. Seine Ruhe ist vergänglich und bedingt.

Ohne unseren physischen Körper, Nirmanakāya, haben wir kein Bewusstsein. Ohne Bewusstsein gibt es keine Selbsterkenntnis. Deshalb: Ohne menschlichen Körper keinen Buddha!

Sambhogakāya ist das Bewusstsein des Universums – nicht unser individuelles, eigenes Bewusstsein. Solange ihr dies nicht versteht, bleibt ihr auf euren physischen Körper beschränkt; dann nehmt ihr eure Nahrung noch immer für euch selbst ein und nicht zum Wohl von allen, und ihr spart das Geld noch immer für euch selbst.

Das einheitliche Bewusstsein, Sambhogakāya, ist nicht dasselbe wie die sogenannte Gruppenseele einer biologischen Gattung oder wie das Wesen aller Fische oder aller Menschen. Es ist nicht das kollektive Bewusstsein mit all seinen Erinnerungen und Symbolen. Aber es ist das Wesen, das allen Fischen und allen Menschen, ja der ganzen Kreatur, gemeinsam ist.

Bei uns Menschen ergibt sich durch Zusammenspiel von Gedächtnis und Sinneswahrnehmung das Bewusstsein der eigenen, individuellen Existenz. Dank diesem Bewusstein (Sambhogakāya) wissen wir um das Absolute (Dharmakāya) und können uns in unserem individuellen Leben (Nirmanakāya) danach ausrichten.

24

Glaube

Glaube ist im Zen sehr wichtig. Glaube ist das Erste. Es ist kein blinder Glaube, kein Glaube an ein Objekt, kein angelernter Glaube. Für uns ist Glaube das Urvertrauen in den gegenwärtigen Geist, der überall und immer wirksam ist.

Wenn man sich für den Buddhismus interessiert, gibt es viele Tore, die auf seine Hauptstrasse führen. Zum wahren Kern von Buddhas Weisheit jedoch gibt es kein Tor. Es gibt keine zwei Platzanweiser rechts und links, die einen freundlich lächelnd bitten, einzutreten. Das Tor zum Wesentlichen des Buddhismus ist immer geschlossen. Wenn man anklopft, antwortet niemand. Da gibt es nur eines: Man muss einbrechen. Andernfalls kann man bloss draussen stehen und über den Buddhismus reden. Wenn man nicht einbricht, wird man die wundervollen Schätze dieser Lehre nie selbst zu Gesicht bekommen; dann muss man auf jemanden warten, der sie gesehen hat und zurückkommt, um anderen davon zu erzählen.

Im Zen gibt es nicht einmal ein Tor, und niemand kann eintreten. Es gibt den berühmten Ausspruch «Das grosse Tao hat kein Tor». Hier ist Tao synonym mit Geist. In den Geist muss man nicht eintreten; man ist bereits darin. Man muss keine Türe öffnen, es gibt keine Türe. Man muss nicht einbrechen, denn es gibt nichts zu brechen. Setze dich einfach hin mit diesem grossen Geist. Der Geist selbst ist das grosse Tao. Dieser grosse Geist ist unser Glaube.

In der Zen-Überlieferung heisst es, dass der Sechste Patriarch, Hui-neng, von Mönchen verfolgt wurde, die nicht damit einverstanden waren, dass der Fünfte Patriarch ihn zum Nachfolger gewählt hatte. Sie wollten die Kutte und die Essschale, die ihm als Zeichen der Nachfolge gegeben worden waren, zurückerobern. Als Hui-neng der Verfolgung müde wurde, legte er die Kutte und Schale eines Tages auf einen grossen Stein. Einer der Mönche versuchte sie zu nehmen, doch sie waren schwer wie der Stein und liessen sich nicht bewegen. Der Sechste Patriarch sagte zu ihm: «Glaube und Kutte sind die Symbole meines Glaubens. Dieser Glaube kann nicht mit Gewalt erlangt werden.»

Hier ist Glaube ein passendes Wort für das, was Hui-neng in sich trug, seit er zu seiner Urnatur erwacht war. Es ist nicht nötig, an etwas zu glauben, an Gott oder an den Teufel, aber es gibt etwas im menschlichen Geist, eine Achse, ein Drehpunkt, um den sich das ganze Bewusstsein dreht. Es gibt etwas im menschlichen Geist, das erhaben ist, durchdringend und rein, etwas Heiliges. Es wird von keiner Farbe getönt. Es erzeugt nicht den geringsten Klang, hat keinen Geschmack. Es ist wie Luft und wir fühlen es. Das ist Glaube. Dieser Glaube ist der Wohnsitz unserer Religion. Man könnte es auch Liebe nennen. Liebe ohne Objekt, Liebe, die aus sich selbst heraus existiert und in alle Richtungen strahlt.

Die Sitzmeditation (Zazen) ist ein Ausdruck unseres Glaubens. Hier und jetzt, in diesem Augenblick, existieren wir so, wie wir sind, als menschliche Wesen, ausgestattet mit den fünf Sinnen, getragen vom bodenlosen Bewusstsein, mitten in der Welt. Ohne zu zögern, ohne wenn und aber, sitzen wir mit gerader Wirbelsäule als Stütze für den Körper und kreuzen die Beine als Basis für diese Säule. Wir legen die Hände in den Schoss und sehen und hören alles gleichzeitig. Mit durchdringender Weisheit und stillem Geist sind wir unseres eigenen Seins gewahr. Wir lassen uns nicht verwirren, selbst wenn Götter und Dämonen vor uns auftauchen, und wir lassen uns nicht in Versuchung führen, selbst wenn sich das leuchtende, bodenlose Bewusstsein vor uns auftut. Das ist unser Glaube.

Ein richtiger Zen-Schüler verlässt sich auf etwas sehr Tiefes und Unendliches. Wovor sollte er sich fürchten? Wir sagen, er habe einen starken Unterleib – aber es ist nicht nur das, er hat auch Glaube. Allerdings ist dies kein Glaube an etwas oder jemanden, nicht Glaube an ein Objekt, sondern Glaube als innere Haltung.

Man muss nicht darauf warten, dass einem Glaube von jemandem gegeben wird; er kommt nicht aus der Hand eines Engels oder eines Gottes. Der Glaube entspringt dem eigenen Geist, der eigenen Seele, der innewohnenden Urnatur.

Glaube ist die Basis des Zen, aber Glaube allein genügt nicht. Es braucht auch ein Verstehen. Wir sollten das geistige Auge öffnen und der Wirklichkeit begegnen.

Wenn ich am Sonntagmorgen am Radio den christlichen Predigten zuhöre, bekomme ich ein vertrautes Gefühl: «Dein Glaube wird dich erlösen». Die Worte sind wahr, aber sie haben oft einen hohlen Klang. Oft scheint es mir, dass der Pfarrer nicht weiss, wovon er redet, selbst wenn seine Worte wahr sind.

25

Fazit

Wir müssen etwas haben, das echt und ursprünglich ist. Etwas, das aus uns selbst heraus entsteht. Es ist nicht Buddhismus und nicht Zen.

Als ich Buddhismus zu studieren begann und mein erstes Kōan bekam, erschienen mir Buddhismus und Zen unendlich erhaben und wichtig. Damals war ich einundzwanzig Jahre alt, jetzt bin ich achtundfünfzig. Die Welt hat sich nicht verändert. Die Erde ist nicht zum Himmel geworden und der Himmel ist nicht zur Erde hinunter gekommen. Ich habe nicht den Zustand eines Halbgotts erreicht. Ich bin immer noch ein Mensch. Also, was ist der Vorteil von Buddhismus und Zen?

Als der Buddha im Sterben lag, bat ihn Ananda, noch einmal alle Schüler zu versammeln und ein letzte Mal zu ihnen zu sprechen. Darauf antwortet der Buddha: «Wozu? Ich habe euch alle meine Gedanken gezeigt, habe den ganzen inneren Weg, den ich durchlaufen habe, erklärt. Einmal über meine Erfahrungen zu sprechen ist genug. Denn wer dies nicht selbst erfahren hat, ist für solche Worte taub. Ich übte Klarsicht und habe sie erlangt. Jeder muss dies selber tun. Die Worte, die man verstehen kann, habe ich schon gesagt, warum sie wiederholen? Warum eure Zeit verschwenden? Wer die Erfahrung hat, versteht. Nutzt eure Zeit zum Praktizieren und macht eure eigenen Erfahrung.»

Ich muss gestehen, heutzutage erfreue ich mich an meinem eigenen Geist mehr als an Buddhismus und Zen. Buddhismus und Zen sind bloss wie zwei alte Möbelstücke in einer Ecke meines Geistes. Ich fand etwas, das mir selbst gehört. Es ist nicht Buddhismus und nicht Zen, nicht Philosophie, nicht Wissenschaft, nicht Religion. Die Aussenwelt ist nicht mehr dunkel und die Innenwelt ist klar. Das, was zählt ist das Herz. Doch das ist ein Geschenk des Zen-Buddhismus, deshalb empfinde ich grosse Wertschätzung und Dankbarkeit dafür. Es dauerte lange Zeit, bis ich es fand, und in dieser Zeit waren mir Buddhismus und Zen eine schwere Last.

Heutzutage spreche ich über Buddhismus und Zen in Vorträgen, aber wenn ich alleine bin, denke ich nicht darüber nach. Ich erfreue mich an etwas, das keinen Namen hat, aber sehr natürlich ist. Es ist wunderbar. Jemand hat mich in die Ferien aufs Land eingeladen, doch ich lehnte ab. Ich verweile lieber hier und lebe in meinem eigenen klaren Geist.

Was meine Vorträge anbetrifft: Dass ich hier an dieser kleinen Strassenecke solch grosse Worte sage, ist unerheblich – aber sie sind wahr! Wenn die Zeit kommt, vielleicht in zweihundert Jahren, wird jemand dasselbe sagen, und dann werden auch eure Staatsmänner und Pfarrer zuhören.

Anmerkungen

1 Mary Farkas (1911-1992) war eine enge Schülerin von Sokei-an und nach dessen Tod Geschäftsführerin des *First Zen Institute of America*. Sie begann 1954 mit der Publikation von Sokei-ans Zen-Vorträgen in den *Zen Note*s und arbeitet bis an ihr Lebensende an der Herausgabe derselben in Buchform. Ab 1993 erschienen die Titel *The Zen Eye, Zen Pivots* und *Holding the Lotus to the Rock*, alle erhältlich im Buchhandel und beim *First Zen Institute vom America*.

   Henry B. Platov (Chikuen Kugai Zenji, 1904-1990) gründete die *Rinzai-Zen-Gesellschaft der Schweiz*, aus der das *Zentrum für Zen-Buddhismus* hervorging. Er war Arzt und Jungscher Psychologe, der sich seit früher Kindheit mit Yoga und fernöstlicher Weisheit befasste.

2 Eine Auswahl der Zen-Vorträge von Sokei-an wurde zwischen 1982 und 1988 erstmals von A. Wydler Haduch und Hillary Thomson in die deutscher Sprache übersetzt und vom Theseus Verlag in München publiziert unter den Titeln: *Sokei-ans Übertragung des Zen, Der Zen-Weg zur Befreiung des Geistes, Der Sechste Patriarch kommt nach Manhattan*. Alle drei Bücher sind seit Jahren vergriffen. Das vorliegende Buch beinhaltet überarbeiteten Auszüge aus diesen Bänden sowie einige Vorträge in Erstübersetzung.

3 Shintō: (wörtl. Weg der Götter) Urreligion Religion Japans.

4 Soyen Shaku, auch Sōen Shaku geschrieben, (1860 -1919), war ein aufgeschlossener und engagierter Rinzai-Zen-Meister. Anlässlich *des Parlaments der Religionen*, das 1883 in Chicago stattfand, hielt er als erster japanischer Zen-Meister einen Vortrag über Zen-Buddhismus in englischer Sprache und legte damit den Grundstein für die Verbreitung des Zen in der westlichen Welt.

5 Das Kōan-Studium ist ein bevorzugte Methode der Rinzai-Zen-Schule. Ein Kōan ist eine Frage oder ein Zitat aus der

traditionellen Zen-Literatur, die nicht mit dem rationalen Verstand erfasst werden kann. Dadurch wird der intuitiven Zen-Geist geweckt, dessen Wirken sich in einem spontanen Ausdruck zeigen muss. Es wird oft als «Barriere» beschrieben, welche die unsichtbare Grenze zwischen dem rationalen und dem intuitiven Denken erlebbar macht. In dem Moment, wo die Barriere «durchschritten» wird, ist der Geist frei.

6   Sanzen: Formelle Einzelbegegnung mit dem Lehrer, in welcher die Schüler ihr Verständnis des Kōans präsentieren

7   Inzwischen sind Sokei-ans Kommentare zu den *Aufzeichnungen von Rinzai* im Buchhandel erhältlich: *Three Hundred Mile Tiger, The Record of Lin-Chi. Translation and Commentary by Sokei-an,* ISBN: 978-1-4917-0646-6 (e)
Deutsche Übersetzung: Daikan Jörg Westerbarkey: *Drei-Hundert-Meilen Tiger,* ISBN 978-3-7450-0864-7

8   Ruth Fuller Sasaki (1892 -1967): Erhielt von Sokei-an den Namen Drachen-Weisheit. Nach Sokei-ans Tod siedelte sie nach Kyoto über und beendete ihr Zen-Training unter der Führung von Zuigan Soseki Goto Roshi, einem Dharma-Erben von Tetsuo Sōkatsu. Mit Hilfe einer Gruppe von Sprach- und Religionswissenschaftern erforschte sie die Geschichte des Rinzai-Zen, insbesondere der Zen-Kōan und übersetzte viele Texte ins Englische. Ihre Arbeit fand Niederschlag in: *The Record of Lin-chi* (The Institute for Zen Studies Kyoto, 1975) *Zen Dust* (Harcourt, Brace & World, 1966), *The Zen Kōan* (Harcourt Brace Jovanovich, 1966. Neben ihrer Forschungstätigkeit betreute Ruth Fuller Sasaki westliche Zen-Studierende in ihrem Tempel.

9   Seele bedeutet bei Sokei-an das Bewusstsein, das jedem Menschen eigen ist. Es ist nicht persönlich und nicht das Ich-Bewusstsein. Es ist das Bindeglied zwischen der formlosen Wirklichkeit und der Welt der Formen

10 Dharma bedeutet hier Buddhas Lehre der Wahrheit, das Gesetz der Wirklichkeit.

11 Siehe Anmerkung 9

12 Die wörtliche Bedeutung von «Zen» ist «Meditation» (Skrt. Dhyana, chin. Ch'an, jap. Zen).

13 Wirklichkeit: Im Sinne der Erkenntnistheorie ist die Wirklichkeit das Numenale, das Nichtfassbare, das der Erscheinungswelt unterliegt.

14 Hier bedeutet «Denken» keine Aktivität des Gehirns, sondern das beobachtende Gewahrsein (siehe auch Anmerkung 16)

15 Der Begriff «Nicht-Denken» ist der deutschsprachige Kompromiss für die beiden englischen Ausdrücke «no mind» und «no thinking». In seinen Ansprachen gebrauchte Sokei-an beides synonym.

16 «Denken» wird gewöhnlich als sprachgebundene Hirntätigkeit definiert. Sokei-an spricht hier jedoch von einem «Denken ohne Worte». Dieses «Fühl-Denken» ist einer Funktion des angeborenen, erkennenden Geistes, Prajñā, und hat in der Zen-Meditation eine zentrale Funktion.

17 Was Sokei-an hier Tempel nennt, war seine bescheidene Wohnung in New York.

18 Dieser Vortrag wurde an einem heissen Sonntag im Juli 1938 gehalten. Amerika befand sich in einer gewaltigen Wirtschaftskrise und der zweiten Weltkrieg stand vor der Tür.

19 Ananda war der Neffe und ständige Begleiter von Shakyamuni Buddha und nach Mahākāshyapa der Zweite Patriarch der Zen-Schule in Indien.

20 Tathā: An manchen Stellen gebraucht Sokei-an für «tathā» die englischen Worte «such» oder «this», was auf Deutsch soviel wie «so» oder «das» bedeutet.

21 In manchen Zen-Schulen wird als Mantra die Silbe MU benutzt, aber auch das lautlose Zählen der Atemzüge hat die Funktion eines Mantra.

www.ingramcontent.com/pod-product-compliance
Lightning Source LLC
Chambersburg PA
CBHW051651040426
42446CB00009B/1083